Dossiers et Documents

Collection dirigée par
Anne-Marie Villeneuve

Comment devenir un **VIP**

**Conseils, trucs et outils pour se tailler
une place de choix dans la vie**

Yves Lamontagne, M.D.

Comment devenir
un **VIP**

**Conseils, trucs et outils pour se tailler
une place de choix dans la vie**

QUÉBEC AMÉRIQUE

Catalogage avant publication de Bibliothèque et Archives nationales du Québec et Bibliothèque et Archives Canada

Lamontagne, Yves
Comment devenir un VIP
(Dossiers et documents)
ISBN 978-2-7644-0661-8
1. Leadership. 2. Personnalités - Attitudes. 3. Succès. I. Titre. II. Collection: Dossiers et documents (Éditions Québec Amérique).

BF637.L4L35 2009   158'.4   C2008-942225-2

Conseil des Arts   Canada Council
du Canada   for the Arts

Nous reconnaissons l'aide financière du gouvernement du Canada par l'entremise du Programme d'aide au développement de l'industrie de l'édition (PADIÉ) pour nos activités d'édition.

Gouvernement du Québec – Programme de crédit d'impôt pour l'édition de livres – Gestion SODEC.

Les Éditions Québec Amérique bénéficient du programme de subvention globale du Conseil des Arts du Canada. Elles tiennent également à remercier la SODEC pour son appui financier.

Québec Amérique
329, rue de la Commune Ouest, 3e étage
Montréal (Québec) Canada H2Y 2E1
Tél. : 514 499-3000, télécopieur : 514 499-3010

Dépôt légal : 1er trimestre 2009
Bibliothèque nationale du Québec
Bibliothèque nationale du Canada

Mise en pages : André Vallée – Atelier TypoJane
Révision linguistique : Diane-Monique Daviau et Claude Frappier
Conception graphique : Isabelle Lépine
Illustrations : Eva Rollin

©2009 Éditions Québec Amérique inc.
www.quebec-amerique.com

Imprimé au Canada

Table des matières

L'auteur

Cumulant plus de trente ans de carrière dans le domaine de la médecine, la recherche et l'enseignement universitaire, président-directeur général du Collège des médecins du Québec depuis 1998, l'auteur possède aussi une riche expérience en administration, en aide humanitaire, en relations publiques et en communications. Il a publié plusieurs essais, dont *Et si le système de santé vous appartenait?*, *Confidences d'un médecin* et *La mi-carrière : problèmes et solutions.*

Dans ce court ouvrage, à partir d'exemples personnels qu'il nous livre avec humour, il partage avec nous sa recette pour devenir un *VIP* (*Very important person*). Ce livre s'adresse aux gens de 17 à 77 ans (et non de 7 à 77 ans comme c'est le cas pour *Tintin*) désireux de réussir dans la vie, c'est-à-dire aux personnes qui souhaitent développer leur passion, leur imagination, leur détermination et un réseau de contacts qui leur permettront d'atteindre un niveau de réalisation exceptionnel, tant sur le plan professionnel que dans leur vie personnelle.

C'est en toute humilité que l'auteur nous livre ses secrets, espérant qu'ils permettront aux lecteurs d'éviter de faire les erreurs qu'il a lui-même commises et d'avoir à apprendre sur le tas, comme ce fut son cas.

*À mon fils Simon et à ma fille Miori
qui commencent à faire leur chemin dans la vie.*

Remerciements à
Anne-Marie Villeneuve
et Lorraine Alepin Dutil
pour leur collaboration.

Avant-propos

«Un ti-clin de Rosemont», tel était le titre d'un article écrit à mon sujet par Pierre Gravel, éditorialiste à *La Presse*, dans les années 1980. Au cours d'une entrevue, je lui avais dit que je n'étais qu'un ti-clin de Rosemont ayant réussi grâce à la confiance et à la persévérance que mes parents m'avaient inculquées. Vingt-cinq ans plus tard, je crois encore et toujours que, grâce à ces acquis, j'ai pu faire mon chemin dans la vie et atteindre les objectifs que je m'étais fixés tout au long de ma carrière.

Maintenant que je commence à regarder en arrière, j'ai le goût de partager avec vous ce que j'ai durement appris par moi-même et ce que d'autres m'ont enseigné.

Tout au long de ma carrière, j'ai travaillé tantôt avec des gens respectables, tantôt avec d'autres qui l'étaient moins.

J'ai beaucoup appris au contact des premiers et j'ai ignoré ou affronté les seconds. Ces différentes expériences m'ont bien servi et me servent encore aujourd'hui à continuer de faire mon chemin. Si j'avais su plus tôt ce que je sais maintenant, je crois que j'aurais pu faire davantage et aller encore plus loin.

Voilà pourquoi ce livre s'adresse autant aux jeunes qui débutent dans le monde du travail qu'à ceux et celles qui sont déjà impliqués dans leur milieu professionnel et veulent aller plus haut… plus loin.

Même si vous ne retenez qu'une idée, un seul conseil ou un seul truc donnés dans ce livre, je sais que je vous aurai aidé, non seulement à avancer dans la vie, mais également à devenir plus efficace et à obtenir une meilleure qualité de vie; bref, j'aurai contribué à faire de vous un *VIP* (une personne très importante), c'est-à-dire une personne qui, grâce à sa passion, son imagination, sa détermination et son réseau de contacts, atteint un niveau de réalisations professionnelles et personnelles exceptionnel.

J'ajoute tout de suite qu'être une personne importante ne signifie pas être un paon d'orgueil, un égoïste, un exploiteur ou, pire, une personne sans foi ni loi. Les grands fraudeurs et les criminels se *croient* importants mais ne sont pourtant que des crapules. Au contraire, les gens réellement importants sont simples, généreux et charismatiques. Pensons à Jean Chrétien, le coloré et fougueux « p'tit gars de Shawinigan », parti de rien pour accéder au statut de premier ministre du Canada, à Jean Béliveau, notre célèbre joueur de hockey, à Guy Laliberté, fondateur du Cirque du Soleil, à Robert Lepage, acteur et metteur en scène connu dans le monde entier, au docteur Jocelyn Demers qui s'occupe des enfants cancéreux à l'hôpital Sainte-Justine ou à André Chagnon, fondateur de Vidéotron, multi-millionnaire et instigateur de la plus importante fondation au Canada. Je pourrais en nommer plusieurs autres. Tous ces gens sont devenus des leaders en politique, dans le sport, les loisirs, le théâtre, la médecine ou les affaires.

> Qui que nous soyons, nous pouvons tous et toutes devenir importants dans nos fonctions et dans nos milieux respectifs. Mon but est de vous aider à y parvenir, quel que soit votre métier ou votre profession.

Chapitre 1

Quand on se regarde,
à qui a-t-on affaire?

QUI SUIS-JE ?

Jusqu'à la fin de ma deuxième année de médecine, je ne m'étais jamais posé ces questions : «Qui suis-je ? Où est-ce que je veux aller dans la vie ? » C'est alors que je reçois un grand coup. Étant, je crois, allergique à notre professeur de neurologie – un médecin bardé de diplômes et pédant à souhait –, bêtement, je me mets à faire le pitre pendant ses cours. Me regardant du coin de l'œil, il ne m'avertit jamais de cesser mon manège, mais il me le fera payer cher. À la fin de l'année, même si j'ai étudié comme un défoncé, j'obtiens cinquante-neuf pour cent à l'examen final de neurologie. Quand je compare mes réponses avec celles de mes collègues, il me semble qu'elles sont pourtant aussi bonnes que les leurs.

À cette époque, les étudiants n'ont aucun droit. Je reprends donc mon examen sans dire un mot. Résultat : la même note, cinquante-neuf pour cent. Mes collègues et moi continuons à estimer que je ne mérite pas cette note. Je suis alors prêt à monter aux barricades, car je suis vraiment dans le pétrin. En effet, même si j'ai une moyenne générale au-dessus de quatre-vingts pour cent, je dois avoir soixante pour cent dans chacune des matières pour ne pas échouer mon année. Je m'informe de ce que je peux faire auprès du frère d'un de mes amis enseignant également à la Faculté de médecine. Celui-ci me confie que le professeur veut me donner une leçon et que si je désire continuer mon cours de médecine à l'Université de Montréal, je dois me taire et recommencer mon année. Bien plus, j'apprends que si je tente plutôt de poursuivre ma formation dans une autre université, le professeur en question fera une mauvaise évaluation de mon dossier, ce qui bloquera ma demande ailleurs.

Ayant dû emprunter de l'argent pour mes études, je suis tout simplement découragé à l'idée de devoir reprendre une année entière. Comme j'avais d'abord hésité entre le droit et la médecine, je veux maintenant tout abandonner et m'inscrire à la faculté de droit. Mais la vie fait bien les choses.

Au cours des vacances d'été, alors que je suis seul et déprimé au chalet de mes parents, un bon matin, je reçois la visite du docteur Paul-Émile Charbonneau, chirurgien bien connu propriétaire d'une maison de campagne au lac des Îles. Le docteur Charbonneau est un homme direct et rationnel. Quelques minutes à peine après son arrivée, il me dit : « J'ai appris que tu avais coulé ton année. Je suis venu te dire deux choses. D'abord, je suis convaincu que tu feras un bon médecin et, deuxièmement, si c'est une question d'argent, je te paye tout ton cours de médecine. Tu me remettras l'argent quand tu commenceras à pratiquer, et ce, sans intérêt. C'est tout ce que j'avais à te dire. » Il se lève du fauteuil et s'en va, me laissant estomaqué. Le bon homme au bon moment. Je me rends compte aujourd'hui de la chance que j'ai eue d'avoir la visite du docteur Charbonneau, car il m'a confirmé qui j'étais et surtout où je devais aller.

Je recommence donc ma deuxième année. Évidemment, je démontre une sagesse exemplaire pendant les cours de neurologie, je ne fais aucun commentaire et ne pose aucune question au professeur. Ayant bien compris la leçon, j'obtiens quatre-vingt-dix-huit pour cent à l'examen final et je passe en troisième année.

Trois ans plus tard, à la collation des grades, dès que j'ai reçu mon diplôme, je quitte l'amphithéâtre et je me précipite au bureau du professeur. Je frappe énergiquement à sa porte et, lorsqu'il ouvre, je lui livre clairement le fond de ma pensée. Après toutes ces années d'attente, je suis enfin soulagé.

Cet échec à la Faculté de médecine m'a donc fait apprendre rudement trois principes importants :

- Premièrement, il ne faut jamais défier plus fort que soi;

- Deuxièmement, il faut respecter l'autorité;

- Troisièmement, et surtout, il y a du bon monde toujours prêt à vous aider.

J'estime néanmoins avoir payé bien cher pour apprendre ces trois principes.

QUI ÊTES-VOUS ?

Maintenant que je vous ai raconté comment tout a vraiment commencé pour moi, passons à vous.

- Qui êtes-vous ?

- Êtes-vous un jeune crâneur comme je l'étais dans la vingtaine ?

- Vous laissez-vous abattre comme j'ai été abattu pendant quelques mois à cette époque ?

- Avez-vous eu la chance de rencontrer un docteur Charbonneau ?

- Qu'aimez-vous ?

- Avez-vous des goûts particuliers ?

- Qu'est-ce qui vous fait vibrer : la musique, la peinture, les sciences, le cinéma, le théâtre, les voyages, le travail ?

- Quels sont votre formation, vos talents, vos expériences et vos réalisations les plus marquantes ?

- Quelles sont vos valeurs ?

- Vous adonnez-vous à des activités bénévoles et sociales ?

- Êtes-vous franc et responsable ?

Ce sont beaucoup de questions à vous poser, mais vos réponses vous serviront à clarifier votre voie.

Je dis toujours à mes enfants qu'au départ ils ont reçu en cadeau deux éléments importants. Ils ont eu la chance de naître au Canada plutôt que dans un pays pauvre, tel l'Ouganda, pour ne donner qu'un exemple, et de parents qui avaient une certaine éducation. Ceux et celles qui n'ont pas cette chance peuvent aussi réussir, mais le chemin sera certes plus difficile. Il ne faut pas être un grand génie pour comprendre cela. Donc, le succès peut être plus facile pour certains et plus difficile pour d'autres, mais au bout du compte, les gens qui ont eu plus de difficultés s'en tirent bien souvent mieux que les autres. De plus, n'oubliez pas que chaque humain est un être unique et original et qu'on peut tous réussir malgré certains problèmes qu'on a pu connaître plus jeune. Par exemple, Einstein était un très mauvais élève à l'école et avait gardé une âme d'enfant. Pourtant, il fut l'un des plus grands scientifiques que la terre ait connus.

OÙ VOULEZ-VOUS ALLER DANS LA VIE ?

Dans le livre que j'ai écrit sur la mi-carrière, *La mi-carrière : problèmes et solutions*, je raconte qu'on peut avoir six carrières différentes au cours d'une vie. On a donc le choix.

- Savez-vous ce que vous voulez réaliser professionnellement ?

- Croyez-vous en vos capacités ?

- Croyez-vous qu'il y a toujours quelque chose à apprendre ?

- Quels types de travail préférez-vous ?

- Dans lesquels réussissez-vous le mieux ?

- Dans quel environnement êtes-vous le plus à l'aise ? En équipe ou en solitaire ? À l'intérieur ou à l'extérieur ? Dans une aire ouverte ou fermée ?

- Cherchez-vous la reconnaissance, le succès, le pouvoir, l'argent ou tout cela en même temps ?

N'oubliez jamais que pour aller là où vous voulez vous rendre, il vous faut quatre éléments de base très importants :

- la passion,
- l'imagination,
- la détermination,
- un réseau de contacts.

Sachez qu'il n'y a qu'une seule personne véritablement intéressée par l'objectif de réussir votre vie : vous.

Dès qu'on prend conscience de l'importance de faire son chemin, on doit d'abord se regarder soi-même et se demander ce qu'on peut faire pour s'améliorer. Si vous êtes timide, travaillez à améliorer votre estime de vous-même et votre capacité d'affirmation. Si vous êtes arrogant, ouvrez-vous les yeux, rendez-vous compte que ce comportement vous nuit et cessez d'être insolent. Vous êtes drôle ? Vous êtes sûrement plus attirant que d'autres, mais n'exagérez pas. Avoir de l'humour est une chose, mais tout prendre à la blague diminue la crédibilité. Vous donnez dans le narcissisme et vous vous croyez le seul à être beau, fin et intelligent ? Vous risquez de tomber de haut. Vous n'êtes pas seul au monde et avez intérêt à accroître fortement votre humilité. Enfin, si vous êtes le parfait « chialeux », jamais content de rien, jamais satisfait, vous vous dirigez tout droit vers une vie solitaire, sans amis. Cessez donc de vous plaindre et sachez apprécier les gens pour ce qu'ils sont, avec leurs qualités et leurs défauts. Nous avons tous des bons et des mauvais côtés. Chacun doit donc se poser des questions sur son propre comportement et développer davantage ses

qualités que ses défauts, en s'attaquant efficacement aux éléments positifs qu'il peut améliorer.

Comme vous pouvez le constater, avant d'envisager de devenir un *VIP*, il faut se regarder, s'analyser, modifier certains de ses comportements afin de s'engager dans la bonne direction. Si vous êtes décidé à poursuivre dans la bonne voie, les chapitres suivants vous aideront à rendre le chemin plus facile. Mais avant de continuer, je vous pose deux dernières questions :

- Votre objectif est-il de vous trouver un bon patron, une bonne paye et un bon fonds de pension ?

- Préférez-vous avoir un seul emploi stable pendant des années et recevoir une montre en or à votre retraite ?

Si vous répondez positivement à ces questions, vous ne vous dirigez pas vers un plan de carrière, mais plutôt vers une détention à perpétuité. Dans ce cas, ne perdez pas votre temps à lire ce livre. Donnez-le plutôt à quelqu'un qui ne pense pas comme vous. Par contre, si votre réponse est négative, alors accompagnez-moi dans les prochains chapitres et suivez l'exemple du jeune président d'une PME américaine qui, lui, remet une montre *Mickey Mouse* à tout nouvel employé en lui disant : « N'oublie pas, le temps, c'est de l'argent, et tu fais partie d'une équipe qui s'amuse au travail. »

Chapitre 2

De quel bois
sont faits les leaders?

LES SIX GRANDES CARACTÉRISTIQUES DES *VIP*

Pour découvrir ce dont on a besoin afin d'avancer dans la vie, il est utile de lire la biographie des personnes ayant marqué la société. À ce propos, dans son excellent ouvrage *Les Grands Leaders charismatiques du XXe siècle*, André Dalcourt a décrit les caractéristiques communes à tous les chefs d'État.

Dalcourt fait ressortir onze traits communs à tous ces personnages.

- le goût et le sens de l'histoire,
- le sens de la mission,
- la force du regard,

- l'éloquence,

- l'autorité naturelle,

- la volonté,

- le courage,

- l'impression de force,

- l'assurance et la confiance en soi,

- l'insolence,

- l'audace.

Ce sont toutes des qualités dont nous reparlerons et qui sont sans aucun doute des atouts pour devenir une personne influente.

> **Les leaders profitent de la conjoncture, des circonstances et des occasions pour percer et faire leur chemin jusqu'au pouvoir.**

C'est ainsi que le 10 mai 1940, Winston Churchill prend la barre du gouvernement britannique, la guerre étant déclarée avec l'Allemagne, en promettant « du sang, du travail, de la sueur et des larmes ». Après cinq ans sous sa gouvernance, l'Angleterre se retrouve parmi les grandes puissances qui reçoivent à Berlin la reddition sans condition des officiers de l'armée allemande.

De son côté, dans son livre *Developing the Leaders Around You*, John C. Maxwell décrit neuf caractéristiques qu'on doit rechercher chez les leaders potentiels :

- la force de caractère,
- la capacité d'influencer les autres,
- l'attitude positive,
- les habiletés personnelles,
- l'expérience,
- la confiance,
- la discipline,
- le talent de communicateur,
- le désir de changement.

Force est de constater que plusieurs de ces caractéristiques recoupent les traits communs des leaders décrits par Dalcourt. Ainsi, la force de caractère correspond à l'autorité naturelle, l'attitude positive à l'insolence et l'audace, les habiletés personnelles à la volonté, le courage, l'impression de force, la confiance à l'assurance, la communication à l'éloquence et à la force du regard et le désir de changement au sens de la mission. Et au bout du compte, toutes ces caractéristiques se résument dans cette célèbre phrase d'Henri Bourassa, écrivain, politicien, patriote et fondateur en 1910 du journal *Le Devoir* : « *Fais ce que dois.* » Bref, tous ces gens s'étaient d'abord et avant tout fixé une mission.

De onze caractéristiques, nous sommes donc passés à neuf. Pouvons-nous encore resserrer notre analyse ? En résumant ces études sur les leaders, j'en suis finalement arrivé à six critères à rechercher.

1. **L'esprit créatif** : le leader a de l'initiative, cultive les idées excentriques, encourage la discussion, crée des convergences et trouve des solutions.

2. **La sensibilité** : par son charisme, le leader décèle les problèmes, les comprend et agit en tenant compte des besoins et des attentes des autres. Son succès se crée par l'utilisation maximale des habiletés de ceux qui travaillent avec lui. Le leader est donc capable d'attirer vers lui les meilleurs pour le compléter.

3. **La vision** : un bon leader anticipe l'avenir et crée le futur. Très motivé, il se concentre sur les résultats et l'atteinte des objectifs. Il a une vision à long terme, mais il attache un à un les morceaux du casse-tête, en progressant étape par étape.

4. **La souplesse** : le leader s'attend non seulement au changement, mais il l'anticipe. Par sa facilité de communication, il parvient toujours à des accords sans passer par des discussions sans fin. Il a de l'autorité sans être autoritaire.

5. **L'engagement** : le leader efficace provoque des changements en mettant l'accent sur un ou deux points au lieu de lancer des flèches partout à la fois.

6. **La patience** : tout en gardant son sens de l'humour et en prenant ses responsabilités face à ses actions, le leader accepte de travailler à l'obtention de résultats à long terme en étant persévérant, sans butiner d'objectif en objectif. C'est un praticien orienté vers l'action.

Pouvons-nous resserrer encore davantage nos critères définissant les leaders? Déjà en 1921, un chercheur américain a démontré que les gens dotés d'une intelligence supérieure ne réussissaient pas mieux dans la vie que ceux d'une intelligence moyenne. Il remarqua que trois facteurs étaient gage de succès.

- la persévérance,
- la confiance en soi,
- la détermination des buts.

Permettez-moi maintenant de me servir de deux devinettes qui mettent en lumière ces trois facteurs.

- J'ai fait une faillite à trente et un ans; j'ai été défait aux élections législatives américaines à trente-deux ans; j'ai subi une nouvelle faillite à trente-quatre ans; ma fiancée est décédée quand j'avais trente-cinq ans, ce qui m'a fait souffrir de dépression à trente-six ans; j'ai été défait aux élections locales à trente-huit ans, aux élections au Congrès à quarante-trois, quarante-six et quarante-huit ans.

Qui suis-je[1] ?

- Après 9 999 tentatives infructueuses de perfectionner un appareil électrique, quelqu'un me demanda : « Envisagez-vous un dix millième échec ?

  — Je n'ai jamais échoué. J'ai seulement découvert des façons de ne pas inventer l'ampoule électrique. »

  Qui suis-je[2] ?

2. Réponse : Thomas Edison, pionnier de l'électricité et fondateur de la compagnie *General Electric*.

1. Réponse : Abraham Lincoln, élu président des États-Unis à cinquante-deux ans et encore considéré comme le plus grand président américain.

En parlant de la *General Electric*, permettez-moi de vous raconter les débuts de Jack Welch, au moment où il fut nommé président de la compagnie, à l'époque la plus sombre de l'histoire de cette entreprise.

À sa première journée au siège social de la compagnie, Welch amena tous ses directeurs jouer au golf et leur offrit un somptueux repas, bar ouvert. Dans son autobiographie, il raconte que cette façon de faire lui a rapidement permis de découvrir son monde et de reconnaître qui étaient les leaders parmi ses employés.

La deuxième journée, il loua un autobus et les amena visiter une exposition d'électroménagers. De retour au siège social, il leur demanda leurs impressions. Tous rapportèrent que les appareils des concurrents étaient plus modernes, plus beaux et plus innovateurs que ceux de la *G.E.* Ils furent tous d'accord pour se remettre à la table à dessin afin de revamper leurs produits.

Qu'avait fait Welch ? Il avait tout simplement partagé l'information et, au lieu de s'imposer, il avait fait en sorte que son équipe comprenne le problème par elle-même. Il avait été attentif à sa base, il avait mobilisé ses troupes et cherché avec elles les meilleurs moyens de développer la compagnie. Ces deux premières journées à la présidence de la *G.E.* venaient de marquer un tournant important dans la remise sur pied de cette énorme entreprise.

Un bon leader offre son point de vue, met en question ses hypothèses de travail et est respecté et admiré par les membres de son équipe. Son influence dépend donc de la composition d'une équipe réunissant des gens aux forces complémentaires. Le leader est aussi nécessairement un bon communicateur, car il doit faire partager une vision et des objectifs à des personnes de disciplines et de professions diversifiées. Finalement, il permet à chacun de s'exprimer parce qu'il est convaincu que l'union fait la force; il acceptera donc la diversité des opinions, des connaissances et des expériences. On peut avoir de l'autorité sans être un leader alors que le leader s'imposera sans être autoritaire.

En terminant ces réflexions sur les leaders, j'aimerais vous donner ma propre définition loufoque du leadership.

> **Le leadership, ça fonctionne comme les équipes de traîneaux à chiens : si vous n'êtes pas le leader, votre vue ne change jamais.**

En effet, tous les chiens qui suivent le chef de meute ont le nez directement dans le derrière des chiens qui les précèdent. Seul le leader a une vue dégagée. N'est-ce pas la position la plus enviable?

Avant d'arriver à être un leader et un *VIP*, demandez-vous d'abord ce qui vous manque pour réussir dans le domaine qui vous intéresse.

- Quelles connaissances vous manque-t-il?

- Quelles compétences avez-vous besoin
  d'acquérir?

- Votre cercle de relations est-il assez grand?

- Connaissez-vous quelqu'un dans le domaine
  où vous voulez vous diriger qui pourrait
  devenir votre mentor?

- Existe-t-il des associations auxquelles
  vous pourriez adhérer pour augmenter
  vos contacts?

- Êtes-vous intéressé à lire des ouvrages
  sur le domaine que vous visez?

- Êtes-vous au courant des postes qui seront
  à combler lorsqu'ils seront libérés par ceux
  qui prendront leur retraite dans votre milieu
  de travail?

- Lisez-vous les offres d'emploi dans les journaux
  ou les revues spécialisées pour évaluer
  le marché?

- Êtes-vous prêt à travailler dans une autre
  ville, un autre pays? À avoir un horaire
  de travail différent?

- Avez-vous peur de l'inconnu? De l'insécurité
  financière? D'être en chômage?

En répondant franchement à ces questions, sans écrire
une thèse pour chaque réponse, vous relèverez quelques

faiblesses que vous pourrez facilement corriger avec un peu d'efforts et de temps. Il ne s'agit pas de retourner à l'école ou à l'université à plein temps, mais de se rendre compte de ses lacunes et de les combler. N'oubliez pas que, finalement, il n'y a qu'une seule chose véritablement nécessaire pour réussir : la puissance du désir.

Chapitre 3

Cinq minutes
pour faire bonne impression

La puissance de votre désir de réussir doit d'abord s'exprimer par votre image. Entendons-nous bien : quand je parle d'image, je ne parle pas de *look*; cette question sera abordée au chapitre suivant. Il s'agit avant tout de votre attitude, de votre personnalité et de votre authenticité. Voilà pourquoi, pour devenir quelqu'un, il est important que vous cultiviez votre image personnelle.

Un jour, je devais rencontrer le vice-président d'une importante compagnie, un homme que je ne connaissais pas. En arrivant au siège social, je me présente à la réceptionniste, qui me reconnaît à cause de mes apparitions à la télévision, et nous jasons un peu de tout et de rien. À un moment donné, un homme passe devant nous et se dirige vers la section réservée à l'administration. Je demande alors à la réceptionniste :

« Est-ce lui, le vice-président que je dois rencontrer ?

— Non, lui, c'est un autre vice-président, il est très gentil. Je vous préviendrai quand je verrai venir votre homme. Vous savez, il travaille ici depuis quatre ans et il ne m'a jamais adressé la parole. Alors, je fais comme lui. Quand il a un message, je le mets tout simplement dans son casier, sans l'en informer. »

Œil pour œil, dent pour dent.

En revenant à la maison, je raconte l'histoire aux enfants, qui avaient alors neuf et sept ans, et leur dis :

« J'ai trouvé un moyen pour réussir dans la vie sans jamais aller à l'école.

— Ah oui, c'est quoi ? demandent-ils, fortement intéressés.

— Mettez un sourire sur votre visage et dites tout simplement bonjour aux gens. Juste avec ces deux choses, vous ferez plus facilement votre chemin que si vous avez l'air renfrogné et distant. »

Lorsque j'observe mes enfants, aujourd'hui, il me semble que la leçon a porté ses fruits et j'en suis très heureux. Il est important de prendre conscience qu'un seul geste ou un seul mot peuvent vous permettre déjà de donner une image positive et sympathique de vous-même. J'ai d'ailleurs déjà lu un livre justement intitulé *The First Five Minutes* : il démontre clairement qu'il ne faut que quelques minutes pour faire bonne impression, et ce, peu importe la situation. Vous serez d'accord avec moi pour dire qu'il y a des têtes qui ne nous reviennent pas au premier abord et sans qu'on sache pourquoi. Il en va de même pour les autres envers nous. Avant même que vous ayez prononcé un mot, votre charme, ou votre manque de charme, a déjà commencé à opérer. D'où l'importance, dès le premier instant, de dégager l'image d'une personne prospère et de bonne humeur. Donnez également à l'individu que vous rencontrez l'impression qu'il est important. Ayez ce que j'appelle une présence professionnelle, c'est-à-dire travaillez à faire augmenter l'énergie et la chaleur dans une pièce.

Pour résumer en une seule phrase l'importance de développer votre image positive, voici ce qu'il faudrait retenir :

> **C'est votre attitude, bien plus que vos aptitudes, qui décidera de votre altitude.**

Le premier grand principe pour devenir un *VIP* est donc d'avoir une attitude positive. Qu'on soit patron ou employé, on est d'abord et avant tout son propre « boss ». De plus, de nos jours, la qualité du milieu de travail est souvent un critère de choix professionnels plus important que la paye ; et finalement, l'époque des fonds de pension « mur à mur » est terminée. Il faut donc se sentir « sécure » dans l'insécurité et voir les choses autrement, positivement. Quand je faisais de la télévision, j'étais toujours impressionné, au mois de mars, par le discours des pigistes qui ne savaient pas si leur contrat allait être renouvelé et qui restaient sereins malgré tout. Quand je leur demandais s'ils étaient anxieux, la réponse était toujours la même :

« Ça fait dix ans que je fais ce métier et j'ai toujours trouvé quelque chose. Si mon contrat n'est pas renouvelé, pourquoi ce serait différent cette fois ? »

Être confiant dans l'insécurité et croire en soi. Penser plus aux solutions qu'aux problèmes. Être actif au lieu d'être passif. Somme toute, surtout et avant tout, avoir une attitude positive.

Quand on est optimiste et qu'on anticipe des succès, on projette une attitude positive et les gens nous répondent habituellement d'une manière favorable. Un tel comportement déclenche de l'enthousiasme et augmente la créativité. Il augmente l'énergie de la personne, améliore ses autres attributs et donne du charme à des gens qui ne sont pas particulièrement attirants physiquement. Dans une situation difficile, les gagnants sont ceux et celles qui peuvent reconquérir rapidement leur attitude positive.

Sur le plan professionnel, une attitude positive aide à étendre son réseau, à envoyer des signaux amicaux aux patrons, aux clients et aux collaborateurs, à attirer les autres et à développer de meilleures relations humaines avec son entourage. Lors de réunions ou d'entrevues, quatre-vingts pour cent des éléments mentionnés dans les fiches d'évaluation sont liés à la personnalité et, étonnamment, seulement vingt pour cent se rapportent aux compétences comme telles. On parle ici de l'apparence et de qualités ou de défauts que l'on décèle d'emblée.

Avoir une attitude positive implique de garder son calme. La maîtrise de soi et la confiance en soi sont aussi inter-reliées que le réseau social et la réussite.

L'attitude positive se manifeste également par l'authenticité. Être authentique, c'est avoir le courage de se dire la vérité, de la dire aux autres et d'adopter un comportement qui traduise cette vérité. Donner l'heure juste et reconnaître les choses telles qu'elles sont sont les deux grands signes de la transparence. Toutefois, être authentique ne signifie pas qu'il faut faire fi des convenances, être impoli ou manquer de courtoisie. Il s'agit plutôt d'être poli sans tomber dans la flatterie ou la prétention, car il est facile de détecter les teignes et les têtes enflées, tout comme on peut se montrer stimulant et déterminé sans être autoritaire et faire preuve de rigueur sans devenir obsessif.

> Ayez confiance en vous, soyez positif et enthousiaste, écoutez les autres, faites preuve d'ouverture et tentez de vous faire apprécier du plus grand nombre de gens possible.

Votre façon d'agir peut stimuler ou démoraliser, favoriser votre réussite ou votre échec. Une bonne attitude est contagieuse et contribue à créer un climat de travail sain et plus productif. Selon les experts en ressources humaines, les compétences et le savoir-faire comptent pour dix à quinze pour cent dans les succès d'une entreprise alors que la capacité à travailler avec les autres compte pour quatre-vingt-cinq à quatre-vingt-dix pour cent. Et rappelez-vous toujours la règle des trois « R » :

- respect de soi,
- respect des autres,
- responsabilité face à tous vos actes.

Vive l'attitude positive ! Vive la confiance en soi !

Maintenant que vous avez compris qu'il vous faut dégager une image vous permettant de vous démarquer du commun des mortels et de vous tailler une place de choix dans la société, il est temps d'aborder quelques détails plus terre à terre qui étofferont cette image.

Chapitre 4

Étoffer son image

L'HABILLEMENT : ON VOUS A À L'ŒIL

L'habillement est sans aucun doute le premier aspect qui saute aux yeux quand on rencontre une personne. Aussi doit-il convenir aux gens à qui on doit se présenter et au lieu où l'on doit les rencontrer.

Partons de deux adages qui sont plus ou moins vrais et plus ou moins faux : «L'habit ne fait pas le moine» et «Le contenant prime sur le contenu». En d'autres mots, l'emballage est encore plus important que le produit lui-même.

Permettez-moi de vous raconter trois anecdotes à ce sujet.

La première se rapporte à l'entrevue que j'ai eue avant d'entrer en médecine. Jusqu'à ce moment, ma garde-robe d'étudiant n'était composée que de quelques paires de jeans et de pantalons sport, de t-shirts, de «cotons ouatés» et de bottes de motard. Heureusement, quelques semaines avant l'entrevue, le frère d'un de mes amis, qui enseignait à la Faculté, me dit : «Si tu ne vas pas t'acheter un blazer bleu marine, un pantalon gris, une chemise blanche, une cravate bleue et une paire de souliers noirs; si, pendant l'entrevue, au lieu de t'asseoir bien droit au fond du fauteuil, tu "t'évaches" comme vous le faites tous; et si, quand on te demande si tu envisages aussi un autre domaine d'études que la médecine, tu réponds *oui*, ton chien est mort.» J'ai fait ce qu'il m'avait dit de faire et j'ai été accepté. Je le remercie de ses conseils encore aujourd'hui.

Ma seconde anecdote se déroule une vingtaine d'années plus tard et se rapporte à une rencontre que j'ai eue avec un vice-président de *Power Corporation*. Je devais le rencontrer pour tenter d'obtenir un don pour la Fondation des maladies mentales. Celui-ci m'a d'abord rejoint au téléphone et invité à dîner au *St. James Club*, un club privé anglophone de Montréal. Il m'indique alors avec force détails comment me rendre au club, me donnant l'impression qu'il croit que je ne suis jamais sorti de ma vie. Pour le rendez-vous, je mets mon bel habit de tweed brun que j'avais acheté à Londres – ça fera sûrement anglais, me dis-je –, je prends mon porte-documents et je me pointe pour la première fois à un club privé. Dès mon arrivée, le portier m'arrête et me sermonne en anglais, me disant que je n'ai pas le droit d'apporter des documents. Pour ne pas avoir l'air idiot, je lui dis que je suis professeur d'université, ce qui est vrai, que je donne un cours cet après-midi-là et que, m'étant déjà fait voler mes notes, je ne veux pas les laisser dans l'auto, ce qui est faux. Comme je semble soudain devenir important pour lui, il me répond : « *I'm sorry, Sir, I'll take care of your notes for you.* »
Ouf! Première étape traversée, péniblement.

Je mentionne alors que je dois rencontrer Monsieur X de *Power Corporation.* Il me dit qu'il n'est pas encore arrivé et m'invite à l'attendre au salon. J'entre dans la pièce où sont assis cinq autres hommes. Je remarque que tous ont les cheveux blancs, des habits foncés et lisent le *Financial Times.* Or, j'ai à peine quarante ans, les cheveux noirs et un habit de tweed brun. Je me fais l'effet de sortir du jardin zoologique. Par un heureux hasard arrive un de mes amis, alors président d'une filiale de *Power*. Je m'empresse d'aller à sa rencontre, pour lui demander s'il connaît mon hôte et surtout pour noter que lui porte l'attirail d'usage. Alors qu'on est en pleine conversation, un homme entre dans la pièce, se dirige vers une personne assise, aux cheveux blancs, en costume foncé et en pleine lecture, et lui dit : « Dr Lamontagne ? »

Erreur monumentale liée à l'image de la personne. Je prends congé de mon ami et me présente en me disant que j'ai toute une côte à remonter. Malgré mon malaise, j'ai sûrement réussi à faire bonne figure, puisqu'au moment de quitter le club, il m'a confirmé que sa compagnie nous ferait un don substantiel. Je suis toutefois bien conscient que la rencontre aurait pu être plus agréable pour nous deux si j'avais été moins anxieux et si mon interlocuteur n'avait pas fait d'abord erreur sur la personne.

Dans les semaines qui ont suivi, je me suis empressé d'aller m'acheter ce que j'appelle mon « habit d'avocat ». J'ai aussi pris l'habitude de mettre dans ma poche la lettre officielle de demande de dons et de la laisser au destinataire à la sortie du club seulement.

À cette occasion, j'ai donc appris ce qu'il faut faire et ce qu'il faut porter quand on rencontre des gens d'affaires.

Par contre, je n'avais pas encore pris conscience de l'importance des souliers. La même année, je me présente au siège social de la Banque Nationale où je dois rencontrer le président pour obtenir un autre don. Cette fois, nous sommes en plein hiver et il neige. Or, comme c'est à la mode à cette époque, je porte de magnifiques bottes en cuir. Lorsque la porte de l'ascenseur s'ouvre à l'étage du président, je remarque que la moquette est beige pâle, que le bureau de la secrétaire est à au moins sept mètres de l'ascenseur et qu'il y a un plateau rempli de couvre-chaussures. Moi, j'ai mes belles bottes de cuir qui dégoulinent, couvertes

de gadoue. Comme la secrétaire ne me regarde pas, j'essuie mes pieds le mieux possible et j'avance lentement en vérifiant si je n'imprime pas mes pas dans la superbe moquette. Tout semble fonctionner. La gentille dame me fait passer dans un salon particulier. Je me croise les jambes et remarque la gadoue restée sur le dessus de mes bottes. Seul dans le salon, je m'empare d'une copie du rapport annuel de la banque, en arrache deux ou trois pages et essuie mes bottes du mieux que je peux. Je prends ensuite les feuilles chiffonnées et les glisse sous le fauteuil où je suis assis. À peine quelques instants plus tard, j'entre dans le bureau du président avec des bottes étincelantes. Encore une fois, malgré ma maladresse, j'obtiens un résultat positif : un autre don important.

Dès ma sortie de la banque, je me suis néanmoins pré-cipité chez *Yellow Sample Shoe Store* pour m'acheter une paire de couvre-chaussures. Mon déguisement était main-tenant complet. Jamais plus on ne m'y reprendrait. J'avais enfin compris qu'avec les loups, il faut hurler.

Comme ces histoires le démontrent, à cause de notre appa-rence, les gens peuvent nous juger avant même que nous ayons ouvert la bouche. Bien paraître augmente la confiance en soi et attire le regard des autres vers soi. Aussi, avant de vous rendre à un rendez-vous, sachez exactement dans quel lieu vous vous retrouverez. Dans un bar, dans un hôtel ou dans un club privé ? Qui seront les gens que vous ren-contrerez ? S'agit-il d'amis, de gens d'affaires, d'universi-taires ou de sportifs ? Quelle est l'occasion de la rencontre ?

Un petit-déjeuner pour une cause philanthropique, un lunch dans un sympathique bistro, un souper dans un restaurant chic ou un gala en tenue de soirée?

Votre tenue vestimentaire est importante, car elle vous assure déjà une certaine crédibilité.

En règle générale, la tenue classique et conservatrice est sûrement le meilleur atout. Voilà pourquoi, si vous êtes un homme, vous devriez posséder au moins trois complets : un gris foncé, un noir et un bleu marine, en plus d'un manteau foncé pour les jours froids. Surtout, achetez-vous des complets qui vous vont bien. Le premier ministre Harper semble toujours coincé dans ses vestons mal taillés qui le font paraître plus gros qu'il ne l'est. Portez une chemise blanche ou de couleur discrète si l'événement est conventionnel. Évitez les cravates à motifs du genre *Mickey Mouse*, à moins que la rencontre en soit une de plaisir, et faites votre nœud de la bonne longueur, de manière que votre cravate rejoigne votre ceinture. Une cravate trop courte ou trop longue semble ridicule et amène à se demander si la personne qui la porte sait comment faire des nœuds de cravate. Par contre, dans les réunions plus détendues, les politiciens et de nombreux hommes d'affaires se présentent, à l'occasion, en veston et chemise sans cravate.

Si vous devez assister à plusieurs galas, il peut être utile de vous acheter un smoking, ce qui sera plus économique, en temps et en argent, que la location. La plupart des magasins qui vendent des tenues de soirée offrent des pantalons ajustables qui pourront vous rendre de bons services pendant plusieurs années étant donné qu'on ne porte pas souvent ce genre d'habit. Lors de grandes soirées, vous pouvez porter une épinglette à la boutonnière, surtout si elle indique une appartenance à un organisme ou une association digne de respect ou encore si elle dénote une certaine notoriété. Personnellement, je préfère les insignes petits et discrets qui ont vraiment une signification pour moi, de sorte que je peux en parler avec enthousiasme si on me pose des questions à leur sujet. De grâce, une seule épinglette suffit. Vous n'êtes quand même pas un ancien combattant et ne devez pas être bardé de médailles. Enfin, videz vos poches de veston et gardez le minimum dans celles de vos pantalons.

Pour les femmes, à peu près les mêmes conseils s'appliquent : un tailleur foncé avec pantalon ou jupe au-dessous du genou est toujours apprécié. À moins de travailler dans le monde de la mode, il n'y a pas lieu de se présenter comme un top modèle. Le maquillage doit être discret; ce n'est pas l'Halloween tous les jours. Évitez les bijoux trop clinquants ou qui font du bruit. Enfin, n'oubliez pas que si les gens ne voient que votre décolleté, ils n'entendront pas ce que vous avez à dire.

Qu'on soit homme ou femme, il faut avoir l'air de ce que l'on prétend être; on ne s'attend pas à ce qu'un artiste s'habille de la même façon qu'un homme ou une femme d'affaires. Il me semble également évident qu'il faut éviter de porter un jeans, peu en importe le prix, lors d'une rencontre avec une entreprise conservatrice, et qu'il est préférable de laisser son « habit d'avocat » au placard pour une réunion avec des informaticiens.

Avant de se rendre à une rencontre, une dernière vérification s'impose : cheveux propres, souliers cirés, barbe rasée, absence de pellicules sur le veston, lunettes propres, cravate centrée et parfum ou après-rasage discret. Enfin, je ne peux m'empêcher de mentionner aussi les ongles et les mains : beaucoup de gens, des hommes surtout et même des personnes qui par ailleurs peuvent porter de beaux vêtements et des bijoux élégants, négligent leurs mains et se présentent à un rendez-vous ou une entrevue avec des mains et des ongles de jardiniers. À moins de travailler dans une pépinière, c'est une des premières choses que bien des femmes, en tout cas, remarquent lorsqu'un homme se présente et tend la main.

La tenue appropriée est une affaire de bon sens et doit tenir compte des habitudes de son environnement social et professionnel, de la fonction et de l'âge de chacun des participants, de même que des circonstances.

DEUX PETITS À-CÔTÉS

L'AUTOMOBILE : LA SOBRIÉTÉ

Selon ce que vous faites dans la vie, vous devez probablement voyager en auto, conduire des gens, du moins à l'occasion, et prendre des repas avec des connaissances, des amis ou des clients. Vous serez également jugé sur ces deux points : votre auto et vos manières à table.

Un de mes jeunes loups en médecine me consulta un jour au sujet de son automobile. Sa carrière progressait et il se disait que sa Corvette rouge détonnait maintenant avec les voitures de ses collègues, donnant de lui l'image d'un séducteur et d'un aventurier. Il voulait changer de voiture et me demandait conseil. Je lui ai alors dit qu'à cette étape de sa carrière, il devait probablement opter pour une voiture de classe moyenne de type petite Audi, BMW ou Mercedes ou encore, par exemple, opter pour une Toyota Camry. Quant à la couleur de la voiture, je lui ai suggéré le noir, le gris argenté ou le bleu foncé. J'espérais que mes conseils porteraient leurs fruits.

Quelques mois plus tard, il m'invite tout content à admirer sa nouvelle voiture dans le stationnement du complexe Desjardins où j'ai un bureau. À ma grande surprise, je tombe sur une énorme Cadillac noire, avec des sièges en cuir rouge et, surtout, une calandre et des pare-chocs plaqués or. Un mafioso n'aurait pas fait meilleur achat. À part la couleur, il avait tout faux; il n'avait rien compris et s'était attiré les railleries de plusieurs de ses collègues.

> **Tout comme pour l'habillement, en matière d'automobile, la sobriété est de mise.**

Vous serez parfois vu dans un stationnement, à l'occasion d'un meeting, ou prendrez des passagers de toutes sortes lors de vos sorties. Laissez votre extravagance à la maison et ne vous attirez pas de commentaires drolatiques ou désobligeants.

Quand j'étais jeune médecin, je possédais une Volkswagen d'occasion. Un soir, alors que je faisais mes visites à domicile, un monsieur m'ouvre sa porte et me demande :
« Est-ce à vous, la Volkswagen ?
— Oui, elle est à moi.
— Vous n'êtes pas un bon médecin, » dit-il, et il referma la porte.
L'imbécile jugeait de ma compétence en médecine par la grosseur de ma voiture. Il y en a malheureusement bien d'autres comme lui.

LES REPAS : LA MODÉRATION

À l'université, deux consœurs nous avaient invités, un collègue et moi, à étudier à la maison de campagne de l'une d'elles à Sainte-Adèle. Les deux filles étaient de familles cossues et la maison de campagne dénotait très bien la situation financière des parents. Au début du souper, elles nous ont servi des artichauts. Or, à cette époque, mon collègue et moi n'avions aucune idée de ce que c'était et, surtout, de la façon de les manger. On se regarde alors tous les deux, perplexes, et sans rien dire, on attend que les filles commencent à manger les foutus artichauts. On les imite alors en mangeant très, très lentement. Nous avions tous les deux trouvé le moyen de ne pas passer pour des ignares ou des gens sans aucune finesse.

Que ce soit au restaurant ou dans une grande soirée, même si je présume que nous avons tous appris au moins à nous servir d'un couteau et d'une fourchette, il existe maintenant toutes sortes de mets exotiques qui se mangent de différentes façons. En cas de doute, mieux vaut regarder les autres et attendre de voir comment ils s'y prennent. Par exemple, j'ai encore de la difficulté à manger avec des

baguettes. Selon l'occasion, certaines personnes demandent une fourchette; je fais alors de même. Dans le cas contraire, je demande aux autres convives si ça les dérange que je demande une fourchette, en ajoutant, à la blague : « Pour éviter de vous éclabousser ! » Évidemment, je n'oserais jamais faire cette demande au cours d'un repas chez des amis japonais.

> Le secret : regarder, attendre, agir de la façon la plus diplomate et la plus polie possible.

Finalement, un mot sur la consommation d'alcool. Retenez surtout le slogan de la Société des alcools du Québec : « La modération a bien meilleur goût. » Rappelez-vous l'histoire de la première journée de Jack Welch comme président de *G.E.* alors qu'il avait amené ses cadres au golf et leur avait offert un bar ouvert. Comme l'alcool lève les inhibitions, il avait vite remarqué le comportement non seulement de ceux qui avaient tendance à picoler, mais aussi celui de ceux qui parlaient fort et démontraient une gaieté exagérée, voire déplacée. Je suis convaincu qu'il a vite éliminé de la haute direction ces gens manquant de discernement.

Retenez donc que ce n'est pas parce que l'alcool est gratuit qu'on est obligé de faire cul sec et de se saouler. On boit peu, à petites gorgées et lentement. Si vous êtes jeune, un seul verre de boisson forte peut vous étourdir et vous faire tituber, surtout si vous avez l'estomac vide. Si vous

êtes beaucoup plus vieux, un seul verre peut vous rendre somnolent si vous venez de prendre un bon repas. Récemment, j'ai lunché avec un homme politique influent et nous avons assisté à une réunion en après-midi. Il avait pris un copieux repas agrémenté de deux verres de vin. Au cours de la réunion, il s'est mis à cogner des clous, ce qui fait qu'à l'issue du «meeting», tous les membres du comité ont conclu, à tort, qu'il n'était aucunement intéressé par leurs propos. Ce malencontreux incident n'a sûrement pas aidé à rehausser son image publique.

Ces précisions étant faites, vous avez maintenant en main de bons outils pour étoffer votre image. Une personne sympathique, bien vêtue et qui a de bonnes manières, voilà la recette gagnante. L'effort en vaut la peine, croyez-moi.

Cette étape étant franchie, il reste maintenant à vous faire connaître, ce que j'aborde dans le prochain chapitre.

Chapitre 5

L'art de se faire connaître : quatre outils pour accroître le nombre de ses relations

Ma cousine des États, comme on l'appelle dans la famille, m'a raconté l'histoire suivante. Une secrétaire de Washington voulait se trouver un emploi dans une ambassade. Au lieu d'envoyer son curriculum vitæ, elle se fit faire des cartes professionnelles et loua une limousine un dimanche matin. Avec le chauffeur, elle se présenta à une vingtaine d'ambassades fermées et elle laissa sa carte à chaque agent de sécurité. Dans les semaines qui suivirent, elle reçut une douzaine d'invitations à assister à des réceptions dans les différentes ambassades et on lui fit cinq offres d'emploi. Elle n'eut qu'à choisir la plus intéressante. N'est-ce pas un moyen astucieux de se faire connaître avec originalité?

Quand on est jeune et qu'on commence sa carrière, se faire connaître peut s'avérer une étape difficile. Comment y

arriver? Commencez d'abord par dresser la liste de vos connaissances en indiquant sur quel plan elles pourraient vous aider : domaine d'emploi, contacts, aide d'amis, à titre de mentor, etc.

C'est ainsi qu'à seize ans mon fils a obtenu un contrat pour composer l'indicatif musical d'une station de nouvelles télévisées en Asie, grâce au père d'un de ses amis. L'intro de huit secondes lui a rapporté mille dollars. Pas mal comme contact pour un jeune! Il commence maintenant sa carrière en droit et a déniché un bon client grâce au père d'un autre de ses amis.

Premièrement, n'oubliez jamais que les amis de vos amis et de vos parents sont aussi vos amis. Voilà une première façon assez simple de se faire connaître.

Deuxièmement, faites-vous faire des cartes professionnelles et n'hésitez pas à les distribuer, avec tact, évidemment.

Même les gens sans emploi devraient en posséder, ne serait-ce que pour laisser rapidement leurs coordonnées à toute personne qui pourrait être intéressée par leurs services. N'hésitez pas non plus à demander aux autres leur carte professionnelle. J'ai dans mon bureau deux boîtes de cartes classées par ordre alphabétique et au dos desquelles j'ai pris des notes rapides comme « bon conférencier », « personnage sympathique », « bon contact » ou « intéressé par tel ou tel sujet ». Il m'est alors facile de replacer quelqu'un rapidement et de l'appeler au besoin.

Troisièmement, élargissez votre cercle de connaissances et entretenez de bonnes relations avec le plus de gens possible.

Pour ce faire, impliquez-vous dans des associations, des fondations ou des clubs sociaux, assistez à des rencontres mondaines, des cocktails ou des colloques, invitez des gens pour le lunch, présentez-vous au téléphone à quelqu'un dont vous avez entendu parler et demandez-lui un rendez-vous, discutez avec les fournisseurs de votre compagnie, les clients et les concurrents; bref, montrez le plus possible votre charisme et votre crédibilité. Chacun d'entre nous doit établir ce que j'appelle son propre «conseil d'administration», composé de gens de tous les domaines qui peuvent nous aider sur différents plans.

> **Bien souvent, les gens les plus importants sont beaucoup plus gentils que les parvenus hautains.**

La première fois que j'ai rencontré monsieur Jean Coutu, il m'a fait visiter son siège social et m'a invité à manger dans un petit restaurant rempli de camionneurs qui le connaissaient tous. Ce n'est pas étonnant qu'il ait choisi comme slogan de son entreprise *On trouve de tout, même un ami*. Il en fut de même avec le docteur Jacques Genest, fondateur de l'Institut de recherches cliniques de Montréal. J'étais à l'époque le plus jeune directeur d'un centre de recherche et j'avais beaucoup d'admiration pour ce grand Québécois. Le docteur Genest m'a, entre autres, donné trois excellents conseils : «Faites-vous connaître dans le milieu des affaires, rencontrez des politiciens et appelez des gens importants en n'oubliant pas de décliner vos titres ; c'est certain qu'ils vont vous parler. » Il avait absolument raison. Si j'avais su cela avant, je serais rendu encore plus loin aujourd'hui.

Enfin, j'avouerai maintenant que j'ai eu besoin de trois semaines et de plusieurs tentatives téléphoniques, où je raccrochais avant qu'on me réponde tellement j'étais anxieux, quand j'ai eu à contacter le regretté Pierre Péladeau. Finalement, j'ai osé et j'ai résumé ma demande en deux minutes, sachant qu'avec lui on ne tournait pas longtemps autour du pot. À la fin de la conversation, il m'a invité à luncher au Club Saint-Denis la semaine suivante. À partir de ce moment, nous sommes devenus de bons amis et le sommes restés jusqu'à sa mort. Il m'a grandement aidé lorsque j'ai créé la Fondation des maladies mentales.

Au cours d'une fête où on lui rendait hommage, un ami psychiatre remercia tout le monde et nous offrit cette citation : « Il est agréable d'être important, mais il est plus important d'être agréable. »

Ces trois hommes, Jean Coutu, Jacques Genest et Pierre Péladeau, très différents, sont devenus mes mentors et, comme d'autres aussi, ils m'ont conseillé dans le cheminement de ma carrière. Pour moi, le mentor est à la fois un modèle, un professeur et un ami. En médecine, la relation entre l'interne, le médecin résident et le patron est un bon exemple de mentorat. Le compagnon ou l'apprenti dans les métiers et chez l'artisan en est un autre. Le mentor est une personne qui nous aide à devenir ce que nous pouvons être. Dans mon livre sur la mi-carrière, je rapporte qu'alors que le « mentoré » prend conseil auprès de son mentor, le mentor, qui s'intéresse particulièrement à la génération suivante, a l'impression de participer à la réalisation d'un monde meilleur. L'échange va donc dans les deux sens et rapporte autant au mentor qu'au mentoré. Qui n'a pas besoin d'un conseiller pour le guider au moment opportun ?

Plus vous vous ferez connaître, plus vous agrandirez votre cercle de connaissances et plus vous aurez la chance d'avancer dans la vie. Vous devez développer vos relations publiques, saisir chaque occasion de faire connaître vos activités et ne pas rester assis sur votre chaise à attendre que quelqu'un vienne vous chercher.

Nos relations avec une grande variété de personnes peuvent nous aider à rehausser notre image, à mieux comprendre la gestion et l'administration, nous donner des idées pour accroître notre leadership et surtout nous assurer de partenaires sérieux et crédibles.

Nos contacts avec des gens extérieurs à notre milieu sont une source d'information, de stratégies et de conseils précieux. Si nous n'investissons pas une partie de notre temps pour développer ces contacts, nous nous dirigeons nécessairement vers une carrière cloisonnée, recluse et sans pouvoir.

Enfin, quatrièmement, quand vous serez plus avancé dans votre carrière, il peut vous être utile d'adhérer à un club privé.

Je suis membre d'un tel club depuis 1985 et mon adhésion, à la suggestion d'un ami, m'a été très utile. À cette époque, nous n'étions que trois médecins à être membres du club: le docteur Genest, un radiologiste et moi-même. Aujourd'hui, nous sommes plus d'une cinquantaine. Si les gens d'affaires y ont naturellement recours, les médecins comprennent maintenant qu'il faut élargir leur cercle de relations en dehors de leurs activités professionnelles proprement dites. Dès mon arrivée comme membre du club, je me suis lié d'amitié avec «monsieur Paul», le maître d'hôtel de l'époque. Chaque fois que j'allais manger au club, celui-ci m'offrait toujours une table bien en vue près de l'allée centrale. Tous les gens devaient ainsi passer devant ma table, ce qui me permettait de les saluer même si je ne les connaissais pas tous. Quand je voulais savoir qui était telle personne, monsieur Paul s'empressait de me donner des détails et m'offrait de me la présenter. De plus, le bottin des membres me donne la fonction, l'adresse et le numéro de téléphone de plusieurs gens importants. Mon adhésion au club m'a permis d'améliorer mon réseau d'affaires, de rencontrer des gens fort sympathiques et de recevoir des collègues, des amis et la famille dans une ambiance conviviale.

Il y a donc plusieurs façons de se faire connaître : en donnant sa carte professionnelle, en téléphonant à des gens connus, en se trouvant un mentor, en adhérant à une association, une fondation ou un club privé, mais d'abord et avant tout en rencontrant le plus de gens possible. Vous trouverez quelques-unes de mes recettes à ce sujet dans les pages suivantes.

Chapitre 6

Réussir ses rencontres :
le top 6 des stratégies gagnantes

Maintenant que vous avez compris qui vous êtes et déterminé où vous voulez aller, que vous savez quelle attitude adopter pour améliorer votre image, comment vous habiller, quelle automobile conduire, comment manger et vous faire connaître, il vous reste à apprendre à rencontrer des gens.

Il y a plusieurs années, ma cousine Huguette, qui travaillait alors à l'Organisation des Nations unies à New York, m'a donné quelques trucs qui m'ont toujours été utiles. Les voici :

– Quand vous arrivez seul à une soirée, saluez les gens du regard ou d'un signe de tête si vous sentez qu'ils vous regardent, et ce, même si vous ne les connaissez pas. Vous paraissez alors sympathique tout en semant le doute qu'ils puissent vous connaître. Peut-être viendront-ils à vous au cours de la soirée.

– Prenez une consommation ou un hors-d'œuvre – ce qui est tout de même plus compliqué –, circulez et allez vers les personnes seules qui ont l'air d'attendre un sauveur ou vers les petits attroupements de deux ou trois personnes dont le cercle offre une ouverture et présentez-vous.

– Répétez les noms des gens avec qui vous êtes à quelques reprises au cours de l'entretien, mais n'exagérez pas. Offrez un verre si vous le jugez à propos.

– Posez des questions permettant à vos interlocuteurs de se mettre en valeur et soyez curieux de ce qui les captive.

– Mettez fin aux conversations avec courtoisie :
  - « Il m'a fait plaisir de vous rencontrer. »
  - « Je dois partir, excusez-moi. »
  - « Je viens d'apercevoir Jean et je dois lui parler, je vous prie de m'excuser. »

Selon ma cousine, dans un échange, les mots ne comptent que pour sept pour cent dans l'impression laissée, le langage non verbal pour cinquante-cinq pour cent et les paramètres vocaux (ton de la voix et débit verbal) pour trente-huit pour cent. Donc, l'attitude et l'énergie qui se dégagent d'une personne sont de loin plus importantes que la conversation comme telle.

Voici maintenant mon propre « top 6 » des stratégies gagnantes à mettre en pratique lorsqu'on rencontre des gens :

1. **Soigner sa posture** : il est important de se tenir droit, de marcher d'un pas assuré et de saluer les gens. Ceux qui regardent le plancher, qui ont l'air dans un autre monde, ne font qu'éloigner les autres.

   John F. Kennedy, qui fut président des États-Unis, souffrait d'importants maux de dos, mais il n'a jamais montré son handicap en public.

2. **Soutenir le regard et doser le contact visuel :** j'ignore si vous êtes comme moi, mais les gens qui ont les yeux baissés ou qui fixent un point sur mon front entre les deux yeux m'apparaissent toujours comme des gens hypocrites, froids et fuyants. Quand on parle à quelqu'un, on le regarde dans les yeux, mais sans le dévisager.

   Al Jolson, célèbre chanteur des années folles, demandait toujours de laisser toutes les lumières allumées dans la salle quand il donnait un spectacle. Il racontait que cela lui permettait de regarder les gens dans l'auditoire, et quand il voyait quelqu'un qui ne semblait pas être ému par sa performance, il le regardait et s'efforçait de l'émouvoir.

3. **Offrir son sourire :** sourire est un cadeau. Une personne qui sourit donne l'impression d'être sûre d'elle-même et contente de la présence des

autres. Un sourire est attirant, chaleureux et améliore les relations avec les gens. Certaines personnes sont moins attirantes physiquement mais dégagent beaucoup de chaleur grâce à leur entregent. N'oublions pas que le sourire et le rire sont thérapeutiques; ils augmentent la sécrétion d'endorphine dans le cerveau, ce qui améliore l'humeur et l'énergie.

Cela nous amène à l'utilisation de l'humour dans les conversations, mais attention, il faut être drôle sans devenir ridicule. Certains ont un très bon sens de l'humour; d'autres croient en avoir, mais ne l'ont pas du tout. Demandez à vos proches et à vos amis dans quelle catégorie ils vous situent. Sachez aussi que l'humour peut démontrer de l'insolence, ce qu'on ne peut manifester sans risque qu'en situation de pouvoir.

C'est ainsi que Churchill put se montrer insolent face à une dame de la haute bourgeoisie quand celle-ci l'attaqua verbalement :
« Vous êtes tellement impertinent que si je vivais avec vous, je mettrais du poison dans votre thé.
— Eh bien, moi, Madame, je le boirais », rétorqua-t-il.

Au travail, on peut être sérieux sans se prendre soi-même au sérieux. Plusieurs politiciens utilisent volontiers l'humour et réussissent à se faire élire et réélire. Pourquoi faudrait-il qu'il en soit autrement dans d'autres milieux ? Avoir de l'humour, sourire et rire sont des marques de santé. Une étude américaine faite auprès d'élèves de la quatrième à la huitième année a démontré que les plus intelligents et ceux qui avaient les meilleures habiletés sociales avaient aussi un excellent sens de l'humour.

John F. Kennedy disait : « Il y a trois choses qui sont réelles : Dieu, la bêtise humaine et le rire. Les deux premières sont au-dessus de notre compréhension; alors, nous devons faire ce que nous pouvons avec la troisième. »

4. **Assumer sa poignée de main :** comme il est désagréable de recevoir une poignée de main molle, du bout des doigts, d'une main moite ou qui vous écrase la main comme si elle était prise dans un étau ! Une bonne poignée de main ferme, sans plus, accompagnée d'un sourire et d'un regard franc, vient tout de suite briser la glace et nous rend sympathiques.

Quand il avait douze ou treize ans, un soir je demandai à mon fils de me dire comment il se sentait et comment il trouvait les poignées de main suivantes. Je m'exécutai et lui serrai la main de diverses manières. Ses qualificatifs furent les suivants : poignée de main d'homme, de « moumoune », d'anxieux, de lutteur et de précieux. Par un heureux hasard, un ami avocat nous rendit visite la semaine suivante. Je lui présentai mon fils qui lui donna la main et mon ami de dire : « Ah ! ça, mon gars, c'est une vraie bonne poignée de main ! »

Vous auriez dû voir le regard qu'il m'a lancé et la fierté qu'il ressentait ! La leçon avait servi.

5. **Maitriser le ton de sa voix et choisir son niveau de langage :** nous sommes conquis lorsque nous écoutons quelqu'un qui possède une belle voix. Pensons à des gens des médias qui ont pourtant tous des voix différentes, mais attachantes : Pierre Bruneau, Bernard Derome, Paul Arcand, Alexandre Dumas, pour n'en nommer que quelques-uns, sans oublier Dominique Poirier, Sophie Thibault et Céline Galipeau. Pendant des années, je me suis exercé à descendre ma voix d'un ton. Quand j'en fais la démonstration devant la famille ou les amis, tous préfèrent ma voix plus basse. Sans être obligé de prendre des cours de pose de voix, exercez-vous à baisser légèrement la tonalité de votre voix et évaluez les résultats. Cette recommandation s'adresse aussi aux femmes, principalement celles qui ont des voix très aiguës.

Quant au choix du langage, il en va selon le lieu, les gens et l'événement. On ne parle pas comme un charretier dans un gala et on n'utilise pas un langage encyclopédique quand on s'amuse avec des amis ou des collègues. Bref, on s'en remet à son jugement, selon la situation.

Une autre cousine, Nicole, a travaillé à l'ambassade de Belgique à Washington. Ayant quitté Sorel à l'âge de vingt ans, elle se retrouvait dans un tout autre monde. Deux mois après son arrivée, elle était très bien acceptée par ses collègues de travail qui trouvaient son accent amusant et sa façon de s'exprimer parfois originale. Un matin, elle se présenta en retard au bureau et raconta sa mésaventure à ses collègues. « Je m'excuse d'être en retard, mais je me suis écartée entre la 40e et la 42e Rue ! »

Un collègue masculin répliqua sur-le-champ : « Ciel que j'aurais aimé être sur la 41e Rue ! »

Tous s'esclaffèrent à cette blague qui pouvait être grossière, mais elle n'était pas méchante. De son côté, ma cousine a tout de suite appris qu'on s'égare – et non pas qu'on s'écarte.

Un autre conseil en passant : soyez toujours vigilant quant au choix des personnes dont vous parlez. Ce pourrait être un ami intime de votre interlocuteur et, si vous faites un commentaire le moindrement négatif, vous risquez de vous discréditer complètement. N'oubliez pas que la médisance et la calomnie ne rapportent rien à personne.

Finalement, si vous êtes parmi des gens qui parlent une autre langue, surveillez-vous, car nombreux sont ceux qui parlent maintenant plusieurs langues. Vous pourriez faire une remarque désobligeante, par exemple, croyant que la personne ne comprendra pas alors que celle-ci est une traductrice renommée. C'est ainsi que lors de la visite d'un premier ministre japonais, Brian Mulroney, alors premier ministre du Canada, prit place avec lui dans une limousine. Un traducteur se tenait entre les deux politiciens. Le Japonais étant peu loquace, monsieur Mulroney entama la conversation :

M. Mulroney : «*How many years have you been into politics?*»

Traduction en japonais par l'interprète et réponse : «*Twenty years.*»

M. Mulroney : «*What were you doing before that?*»

Traduction en japonais et réponse : «*I was a teacher.*»

M. Mulroney : «*And what were you teaching?*»

Traduction en japonais et réponse : «*English.*»

Heureusement que monsieur Mulroney n'avait fait aucun commentaire à son chauffeur au sujet du quasi-mutisme de son invité!

6. **Être à l'écoute :** «*Stop, Look, Listen*», tels étaient les mots affichés aux passages à niveau quand j'étais enfant à Windsor Mills dans les *Eastern Townships,* aujourd'hui l'Estrie. Ces mots me sont toujours restés en tête et sont sûrement aussi appropriés quand on rencontre des gens : on s'arrête, on regarde et on écoute. Les gagnants que je connais sont des gens charmants qui cultivent leurs relations interpersonnelles et qui

ont une grande capacité d'écoute à la condition qu'on ne leur fasse pas perdre leur temps. Pourquoi ne pas les imiter?

Épictète, le philosophe grec, a écrit que l'homme est doté d'une langue et de deux oreilles pour qu'il écoute deux fois plus qu'il ne parle. C'est sûrement un judicieux conseil. Intéressez-vous aux autres, posez des questions et écoutez-les vous répondre. Si vous ne connaissez pas le sujet dont on discute, interrogez votre interlocuteur et montrez-vous intéressé. Vous évitez ainsi de vous lancer dans un domaine inconnu et de passer pour un imbécile.

D'autre part, usez de tact et de discrétion en ce qui concerne la description de vos nombreuses qualités.

Somme toute, parlez peu de vous et faites parler l'autre; vous en sortirez gagnant. Bien souvent, l'anxiété nous pousse à nous mettre en valeur pour augmenter notre confiance en nous alors que l'humilité rapporte bien plus.

Un de mes amis a beaucoup de succès auprès des femmes. C'est mon épouse qui m'a révélé la clé de sa réussite dans ce domaine.

« Observe bien son comportement. Quand il parle à une femme, il la regarde dans les yeux comme si elle seule existait. Il écoute dans les moindres détails ce qu'elle a à dire, sans se lasser. Il la complimente, lui offre à boire ou à manger et la couvre d'attentions. Voilà sa recette. »

> **En résumé, si vous portez attention aux gens, ils vous porteront attention à leur tour. Ce n'est pas d'abord ce que vous dites, mais surtout ce que vous faites qui attire les gens.**

À propos, et pendant que nous y sommes, si la personne (ou votre conjoint) vous accompagne lors d'une rencontre, de grâce, ne la (le) laissez pas sécher à côté de vous. Il n'y a rien de plus désagréable que de se tenir debout comme un poireau à côté de quelqu'un qui amorce une conversation et qui ne vous présente pas aux autres.

Il existe deux façons de régler le problème : votre conjointe se présente elle-même ou vous la présentez aux autres. Dans le second cas, comment allez-vous la présenter ? De nos jours, il y a des couples mariés, séparés, divorcés, des gens qui sortent ensemble mais ne font pas vie commune, d'autres qui se présentent avec maîtresse ou amant. Comment s'en sortir ? De plus, l'épithète a pris beaucoup d'importance depuis la montée du féminisme. Céline déteste que je l'appelle « ma femme », ça fait possessif selon elle, et « mon épouse », ça fait vieux jeu. De mon côté, je n'aime pas me faire présenter comme son conjoint. Nous avons réglé ce problème en nous présentant ou en nous faisant présenter comme Yves et Céline. De cette façon, les gens n'osent pas poser de questions sur notre état matrimonial et nous créons tout de suite un lien plus amical et chaleureux en n'utilisant pas les noms de famille.

Il n'y a rien de plus agréable que de terminer une soirée en se disant qu'on a rencontré des gens intéressants et sympathiques. Par notre propre comportement, nous pouvons nous aussi laisser une excellente impression chez les autres invités, développer des amitiés nouvelles et augmenter nos contacts avec des gens qui pourront peut-être nous être fort utiles à un moment ou l'autre de notre vie.

Chapitre 7

S'organiser
pour faire bonne figure

LA GESTION DU TEMPS :
QUATRE HABILETÉS À DÉVELOPPER

Si on veut avoir du temps pour améliorer ses relations interpersonnelles et sociales, il faut savoir s'organiser pour être efficace. Dans les pages qui suivent, je vous expliquerai comment j'ai appris à bien gérer mon temps. Je vous révélerai aussi sept trucs pratiques qui vous permettront non seulement d'être plus efficace, mais aussi d'avoir plus de bon temps. Même si vous n'avez pas encore atteint un poste de direction, apprenez dès maintenant à bien utiliser votre temps; la tâche vous sera d'autant plus facile quand vous gravirez les échelons.

En 1984, alors que je travaillais sept jours par semaine et que je ne voyais jamais la fin de mes obligations, j'ai décidé de suivre un cours sur la gestion du temps. Mon besoin était d'autant plus grand que nous allions avoir notre premier enfant et que je ne voulais pas devenir un « père manquant avec un fils manqué ». Ce cours a littéralement changé ma vie. Je m'y suis retrouvé avec des gestionnaires, des gens d'affaires et des fonctionnaires de haut niveau. Comme j'étais le seul médecin dans le groupe, les autres participants me demandèrent ce que je faisais là.

« Si c'est bon pour vous, c'est aussi bon pour moi », leur répondis-je.

À la fin des trois jours intensifs, alors que nous étions convaincus d'avoir acquis tous les moyens pour bien gérer notre temps, le professeur nous donna un dernier exercice à faire en groupe : réorganiser l'agenda surchargé du PDG d'une grande compagnie pour un mois et faire en sorte qu'il puisse assister à l'accouchement de son épouse. Tous imprégnés de l'enseignement de notre professeur, nous nous attaquons au problème et, au bout d'une heure, nous réussissons à lui accorder trois jours de congé, fiers de notre performance. Le professeur reprend le travail avec nous et, finalement, ce n'est pas trois mais douze jours de congé qu'il lui est possible de prendre, soit six avant et six après la date prévue pour l'accouchement. Nous n'en revenions pas et pourtant tout était logique et correct.

Par cet enseignement, j'ai d'abord appris qu'on perd en moyenne neuf heures de temps productif par semaine, soit plus de douze semaines par année, et que la différence entre les gens qui réussissent et ceux qui échouent réside dans l'utilisation qu'ils font de leur temps. Il est donc important de gérer son temps efficacement.

Si vous n'êtes pas convaincu, rappelez-vous que le temps est insaisissable et limité. Il y a toujours vingt-quatre heures dans une journée, sept jours dans une semaine et cinquante-deux semaines dans une année. Le temps est relatif : pour un enfant de sept ans, un an, c'est très long ; et, pour un adulte de soixante ans, c'est bien court. Nous avons aussi du temps à profusion : regardez passer trente secondes sur votre montre. Vous verrez que c'est assez long. Avez-vous aussi remarqué que lorsqu'on demande une minute de silence, ça nous paraît plutôt long ? Eh bien, des trente secondes, on en a vingt mille par semaine et un million par année. Donc, on a du temps. « Le temps, c'est le luxe, le luxe absolu », disait Confucius, alors que Benjamin Franklin était plus pratique et disait : « Le temps, c'est de l'argent. »

Finalement, je vous énonce la loi de Pareto, un économiste italien, qu'on appelle la loi du 80/20 : dans la plupart des situations, une petite partie des facteurs produit une grande partie des résultats. Ainsi, quatre-vingts pour cent du marché alimentaire canadien est contrôlé par sept chaînes d'alimentation ; quatre-vingts pour cent des ventes de la plupart des magasins proviennent de vingt pour cent des produits ; quatre-vingts pour cent de l'absentéisme et des retards sont imputables à vingt pour cent des employés ; bref, vingt pour cent de nos efforts rapportent quatre-vingts pour cent des résultats. Qui dit mieux ?

Pour bien gérer son temps, il faut être convaincu, discipliné et décidé à prendre les mesures nécessaires. Il faut aussi développer quatre habiletés : se concentrer, planifier, déléguer et s'organiser.

Se concentrer

Pour être efficace, il faut déterminer les zones de travail sur lesquelles on doit se concentrer, c'est-à-dire les priorités et les activités à haut rendement. Celles-ci varient selon les personnes, le service ou le poste. Établir des objectifs et les atteindre, construire un bon climat de relations humaines, sont des activités à haut rendement par opposition aux activités à bas rendement qui accaparent beaucoup de temps et ne donnent pas grand-chose, comme attendre l'ouvrage, recevoir des visiteurs ou vérifier le travail des autres. Dans l'organisation du temps à haut rendement, il faut se concentrer sur ce qui est important, ce qui est complexe et ce qui requiert une décision.

Pour déterminer vos activités prioritaires sur une base quotidienne ou hebdomadaire, vous devez classer chacune d'entre elles en répondant à trois questions :

1. Est-ce une activité à haut rendement ?

2. Correspond-elle à mes objectifs ?

3. Est-ce urgent ?

Si vous répondez non à l'une ou l'autre des questions, c'est soit une activité moins importante, une activité dont vous pourriez vous occuper plus tard, soit une tâche que quelqu'un d'autre pourrait accomplir.

Une fois les priorités classées, vous devez décider quoi faire :

1. Réaliser l'activité,
2. Déléguer l'activité,
3. Reporter l'activité,
4. Refuser l'activité.

Chaque dimanche soir, je regarde mon agenda de la semaine, je fixe mes priorités et je modifie l'horaire en conséquence.

Planifier

Quatre-vingt-dix pour cent des entreprises font faillite en l'espace de quelques années, surtout à cause d'une mauvaise gestion et d'une absence de planification. Les dirigeants sont tellement occupés à exécuter qu'ils ne planifient pas.

Planifier permet de gagner du temps. En effet, pour chaque heure de planification, on gagne quatre heures de travail.

Déléguer

Pour déléguer, il faut faire confiance, donner une chance aux idées des autres, reconnaître l'initiative personnelle, accepter les erreurs, accorder l'autorité suffisante et contrôler à distance. Comme le disait un vieux professeur, avec plus ou moins d'exactitude : ne rien faire, tout faire, mais ne laisser rien faire sans le savoir.

S'organiser

Finalement, pour gagner du temps il faut s'organiser. Le téléphone, les réunions, les dérangements, le courrier, la paperasse et les déplacements sont autant d'éléments nuisibles à notre efficacité quand on manque d'organisation. Bien faire les choses n'est pas aussi important que faire les bonnes choses. Un exemple : un bûcheron fend du bois depuis un certain temps et s'aperçoit qu'il fend de moins en moins de bois. Son patron lui dit alors : « Pourquoi n'arrêtes-tu pas pour affiler ta hache ? » Faire les bonnes choses au bon moment, voilà une bonne gestion du temps.

SEPT TRUCS PRATIQUES POUR ÊTRE PLUS EFFICACE

L'agenda

Nous possédons maintenant presque tous un agenda électronique. Le mien est directement relié à l'ordinateur de ma secrétaire et à celui de la responsable des communications. Elles savent donc exactement où je suis et ce que je fais à toute heure du jour. Même si votre agenda n'est connu que de vous, il ne s'agit pas d'en faire votre journal personnel ou d'y noter vos rendez-vous galants. Que pourrait-il arriver si vous le perdiez ou s'il tombait entre les mains de gens qui vous cherchent noise ? Votre agenda doit d'abord servir à inscrire les choses importantes le plus brièvement possible : par exemple, à quatorze heures l'inscription « RV-MSSS » signifie un rendez-vous avec le ministère de la Santé et des Services sociaux. Il faut donc développer sa propre sténographie et ainsi sauver du temps de « pitonnage ». En fin de journée, je note également un ou deux éléments importants pour le lendemain : par exemple, « dem-déj-7h30 » pour « demain déjeuner à 7 h 30 » ou, encore plus simple, « habit » pour « mettre un complet pour une entrevue à la télévision ». Ces courts mémos

me permettent de me préparer pour ma journée du lendemain. Enfin, n'oubliez surtout pas d'inscrire à votre agenda l'anniversaire de votre conjointe ou de votre conjoint, de vos enfants ou de toute autre personne qui vous est chère. Cela pourra vous éviter bien des reproches.

L'agenda est un outil très utile à la condition de le garder simple et le plus concis possible. J'ai connu un avocat qui utilisait un grand agenda de papier et qui, chaque jour, rayait, à l'aide d'un marqueur noir, la journée précédente, sous prétexte que personne ne pourrait juger son emploi du temps. Son grand livre était rempli de pages méticuleusement noircies ; une pure perte de temps. Malgré ce stratagème, il a dû quand même verser trois cent mille dollars pour impôts impayés. Tel fut pris qui croyait prendre. Donc, comme le rappelait Pierre Péladeau : « *KISS, Keep it Simple Stupid.* »

Le téléphone

- Évitez autant que possible d'être mis en attente. Vous épargnerez du temps en choisissant de rappeler.

- Faites prendre les messages quand vous êtes en réunion ou que vous vous concentrez sur un travail important.

- Concentrez les appels au cours d'une période précise de la journée.

– Réduisez la durée des appels en allant droit au but et en ayant en main les documents nécessaires.

– Faites vous-même vos appels téléphoniques.

En plus d'appliquer ces principes, ma secrétaire ne me refile aucun appel avec l'unique mention « personnel ». Je dois connaître la raison de l'appel afin de décider d'abord si c'est à moi de le prendre et, si oui, trouver la réponse appropriée pour la personne qui veut me parler. C'est ma dévouée et efficace secrétaire qui fait le tri, répond souvent pour moi et, malheureusement, reçoit aussi les reproches de certains abrutis.

Les réunions

Combien de temps perdons-nous en réunions inintéressantes, longues et stériles ? N'est-il pas désagréable de subir un président de réunion qui n'a aucun contrôle sur l'assemblée qu'il dirige ? Quand vous avez à diriger une réunion, voici les huit clés d'une rencontre gagnante :

– Réduisez le nombre et la durée de vos réunions.

– Ne convoquez que les participants concernés.

– Choisissez l'heure avec soin : une convocation avant le dîner ou avant la fin de la journée permet d'accélérer le tempo de la rencontre.

– Limitez le temps consacré à chaque sujet.

- Préparez un ordre du jour et spécifiez aussi l'heure de la fin de la réunion.

- Commencez à l'heure prévue.

- Dirigez la rencontre efficacement; limitez la discussion aux sujets à l'étude et évitez les digressions.

- Terminez à l'heure.

En mettant ces consignes en pratique, les vendredis, nous abrégeons maintenant d'une heure et demie à deux heures chaque réunion de notre conseil d'administration, au grand plaisir des administrateurs qui commencent leur week-end en début d'après-midi et sont quand même payés pour une journée entière.

J'appliquais déjà cette façon de faire lorsque je travaillais dans le milieu hospitalier. J'avais remarqué qu'au cours d'une semaine je perdais deux heures à attendre les retardataires à différentes réunions. Au cours du mois suivant, si après dix minutes nous n'avions pas quorum, j'annulais tout simplement la réunion et je quittais la pièce. Quand on me téléphonait pour fixer une nouvelle date de réunion, je répondais qu'elle était annulée et non reportée, que c'était aux membres d'être à l'heure. Malgré les remarques désobligeantes de quelques-uns, j'ai tenu mon bout et j'ai réussi à être plus efficace avec mon temps.

Un président d'une grande compagnie a été plus astucieux. Pour sa salle de réunion, il a fait fabriquer de
magnifiques chaises en bois dont le siège penchait légèrement vers l'avant. Sans que personne ne s'en aperçoive,
il a coupé de près de la moitié son temps de réunion, les
participants glissant sans cesse un peu vers l'avant.
J'aimerais bien pouvoir en faire autant lors de certaines
rencontres.

Éliminer les dérangements

Quand j'ai été nommé directeur du centre de recherche
de l'hôpital Louis-H.-Lafontaine, tout le monde entrait
dans mon bureau sans me demander la permission, ce
qui me faisait perdre non seulement du temps, mais aussi
le fil de mes idées quand j'étais plongé dans un dossier.
Les trois consignes suivantes ont réglé le problème.

- Le matin, arrivez au bureau avant tout le monde
  afin de profiter d'une période sans interruption
  pour effectuer votre planification et d'autres
  tâches.

- Au moins une fois par jour, gardez la porte
  fermée et ne tolérez aucun dérangement.

- Dites carrément que vous êtes occupé quand
  cela s'avère nécessaire.

Personnellement, j'aime bien ma période de calme en fin
de journée quand tous sont partis. Mon ordinateur me

livre une douce musique et je termine alors la dictée de lettres et la lecture de quelques documents. Même si je travaille, cela représente pour moi une période de transition agréable entre l'action et le repas familial.

La paperasse

Votre bureau déborde-t-il de paperasse ? Songez-vous à acheter un classeur de plus ? Avez-vous de la difficulté à retrouver un document important ? Si vous répondez positivement à ces questions, voici ce que vous devez faire :

- Organisez un bon système de classement.

- Décidez de ce qu'il faut faire avec chaque document :
  - mettre au dossier pour référence ultérieure;
  - dicter une réponse;
  - le remettre à qui de droit;
  - le jeter;
  - le compléter s'il y a lieu.

- N'accumulez pas et jetez tout document inutile.

- Révisez votre classement chaque année.

Tout juste à côté de ma chaise de travail, j'ai une poubelle pour la récupération. Le soir, elle est toujours pleine. Je suis la devise que quelqu'un m'avait déjà donnée : « Après le chien, le meilleur ami de l'homme, c'est la poubelle. »

Évitez le désordre. Ne conservez dans votre aire de travail que ce qui est utile à votre tâche en cours. Si possible, remisez tout le reste ailleurs, hors de votre champ de vision. Mettez de l'ordre sur votre table de travail et dans votre bureau avant de rentrer à la maison. Je suis toujours impressionné de voir comme le bureau de présidents de grandes compagnies et de politiciens est peu encombré.

Le courrier

Il est toujours agréable de recevoir une lettre d'un ami qu'on lit calmement à la maison en fin de journée. Il en est tout autrement si, comme moi, chaque jour, vous recevez plusieurs lettres, documents, revues et journaux. Comment s'en sortir ?

- Si c'est possible, faites filtrer le courrier qui vous est destiné.

- Utilisez le système A, B, C, D :

  A. Passer à l'action : faire quelque chose ou répondre par écrit.

  B. Déléguer à la personne la mieux placée pour répondre à votre place.

  C. Mettre en attente.

  D. Jeter.

- Fixez un moment précis pour vous occuper du courrier en attente.

- Utilisez le téléphone : une lettre coûte cher, peut arriver en retard et ne donne pas le « feedback » instantané du téléphone.

- Écrivez simplement : concentrez-vous sur l'essentiel et utilisez les mémos rapides.

- Répondez en écrivant directement sur la lettre originale, lorsque c'est possible.

- Servez-vous du dictaphone ou envoyez un court courriel.

- Si vous avez une bonne secrétaire, ne relisez jamais les lettres que vous avez écrites ou dictées, sauf celles qui sont très importantes.

Grâce à ma secrétaire, mon courrier est réparti en plusieurs sections dans des chemises de différentes couleurs : pour attention immédiate, actions requises, réponses aux actions demandées, personnel et confidentiel, courrier interne, divers, rappels, pour votre information, tel que demandé, à vérifier. Cette façon de faire est fort utile et me permet, selon le moment, d'aller au plus urgent et d'avoir déjà une idée générale du contenu du courrier d'une section.

Les déplacements

Selon votre emploi, il peut arriver que vous ayez à vous déplacer pour visiter un client, vendre un produit, assister à une rencontre ou tout simplement pour faire vos courses. Là encore, gagnez du temps.

- Limitez vos déplacements : ne vous déplacez que si c'est absolument nécessaire. Quelqu'un d'autre peut-il se déplacer à votre place ?

- Faites se déplacer les autres : inviter les gens chez soi au lieu d'aller chez eux est une bonne occasion de soigner ses relations publiques et de faire apprécier son organisation.

- Concentrez vos déplacements.

- Si vous avez vraiment à vous déplacer, confirmez votre rendez-vous, ayez en main les documents nécessaires et prévoyez les temps morts en apportant de la lecture, par exemple.

Lorsque je dois me déplacer à différents endroits au cours de la journée ou même lorsque je fais des courses, je fais d'abord ce que j'appelle mon «agenda géographique» et j'organise ma tournée et mon horaire en fonction d'une boucle «départ-arrivée» avec le moins de détours possible. Lorsque je ne connais pas bien le trajet à effectuer, mon GPS m'est fort utile. Une petite recherche sur Internet peut également permettre d'éviter une grande perte de temps.

Avant de clore ce chapitre sur la gestion du temps, un dernier conseil. De grâce, ne devenez pas accro aux cellulaires, aux *Blackberry* et autres gadgets du genre. Vous n'aurez pas l'air plus intelligent ni plus important si vous passez votre temps à « pitonner ». Ces outils sont certes très utiles, mais ils peuvent aussi vous faire perdre un temps fou pour des niaiseries. Quant à moi, je ne fais que des appels avec mon cellulaire et seuls ma secrétaire et les membres de ma famille peuvent me rejoindre par ce moyen. Comme je l'ai déjà dit à quelqu'un alors que je partais en vacances : « La seule raison que tu aurais de m'appeler, ce serait pour me dire que le centre de recherche est en feu. Si ça se produit, ne m'appelle surtout pas : empresse-toi d'appeler les pompiers. » Quant à mon agenda électronique, je le gère moi-même et, dans ce cas-ci, seules ma secrétaire et la responsable des communications y ont accès. Enfin, selon moi, rien n'est jamais assez urgent pour recevoir un courriel sur un *Blackberry*.

> **De tout cela, ne retenez qu'une seule grande conclusion : changer les méthodes des autres, c'est difficile ; changer les siennes, c'est plus facile, même s'il faut faire les efforts requis.**

Le jeu en vaut cependant la chandelle et permet d'avoir plus de temps pour les vacances, le repos ou les loisirs.

Pour ceux et celles qui voudraient mieux gérer leur temps, il existe sur le marché de nombreux livres sur ce sujet. Des cours sont également offerts par des compagnies de gestion. En ce qui me concerne, aucun autre investissement ne m'a rapporté autant d'intérêts.

Chapitre 8

Être à l'aise en entrevue

J'espère que jusqu'ici vous avez fait vôtres certaines de mes recettes pour devenir un *VIP*. Si c'est le cas, vous en sentez sûrement déjà les effets positifs. Bravo ! Toutefois, si vous voulez aller encore plus loin et plus haut dans la vie, vous devrez sans doute passer par un processus souvent détesté : les entrevues.

Que ce soit pour une rencontre ou pour passer une entrevue à la radio, à la télévision ou pour un nouvel emploi, les mêmes grands principes s'appliquent.

Les trois « P » : ponctualité, politesse, préparation.

Avant tout, soyez à l'heure. La ponctualité est la politesse des rois ; elle montre du respect envers les gens qu'on doit rencontrer.

Montrez un souci du détail en vous assurant de l'exactitude des données que vous citez et un désir d'apprendre en ne cherchant pas à prouver que vous savez tout, que vous avez tout vu et tout fait.

Soyez discret et maîtrisez vos émotions si une personne se montre agressive et cherche à vous provoquer.

Enfin, si on fait appel à vous, au besoin sachez dire non avec tact et diplomatie. Encore aujourd'hui, bien des gens croient le vieil adage qui dit : « Si tu veux que les choses soient faites, donne-les à quelqu'un qui a beaucoup d'ouvrage. » Cela est vrai, mais il ne faut pas que vous deveniez celui qui se tue à la tâche. Quand quelqu'un vient me rencontrer pour m'offrir certaines fonctions et que je ne veux ou ne peux pas les accepter, je reste poli et j'explique brièvement la raison de mon refus. J'ai été surpris de constater que les gens acceptent mes explications de bon gré et sont même contents d'apprendre qu'il est mieux de refuser que de mal faire un travail.

Que vous soyez col bleu ou col blanc, nouveau ou ancien dans l'entreprise, syndiqué ou non, les mêmes consignes valent. Si vous les appliquez à vous-même, vous serez plus respecté par les autres, plus digne de confiance, plus visible et votre pouvoir n'en sera que plus grand.

L'ENTREVUE D'EMPLOI : L'ART DE SE VENDRE

Quand je dirigeais le centre de recherche Fernand-Seguin, j'ai engagé une jeune secrétaire d'origine italienne. À l'écrit, elle était parfaite en français, en anglais et en italien. Par contre, au moment de l'entrevue, elle ne m'a pas serré la main en arrivant, elle m'a tutoyé tout au long de l'entretien et, en quittant le bureau, elle m'a presque donné une claque dans le dos. Je l'ai engagée quand même, mais je l'ai fait venir par la suite dans mon bureau pour lui donner mon avis sur son comportement et lui dire que si elle était tombée sur un vieux patron grincheux, elle n'aurait sûrement pas obtenu l'emploi. Jeune fille brillante, elle a rapidement compris la leçon et fut l'une de nos meilleures ambassadrices pendant des années.

Quand vous passez une entrevue d'emploi, gardez toujours en tête les principes que j'ai énoncés plus haut : une bonne poignée de main, un bon contact visuel, l'air souriant et courtois, pas de tutoiement et pas d'interruption avant la fin d'une question posée par votre interlocuteur.

Lorsqu'on postule un emploi, il faut « se vendre »; en conséquence, on doit parler de son expérience de travail, de ses connaissances, ses aptitudes et ses qualités. De plus, de nos jours, sauf dans les métiers très techniques, les employeurs misent davantage sur le savoir-être des candidats. Malheureusement, plusieurs n'ont aucune difficulté à décrire leur expérience de travail avec précision, mais ils figent lorsqu'il s'agit de parler d'eux.

> **Rappelez-vous que les trois quarts au moins d'une entrevue d'emploi sont d'ordre subjectif et émotif et que, par-dessus tout, c'est votre personnalité qu'on évalue.**

Pour gagner la bataille, vous devez d'abord vous préparer avant l'entrevue. Renseignez-vous sur l'entreprise; visitez son site Internet, lisez le rapport annuel ou tout autre document vous permettant de mieux connaître le milieu. Comprenez bien la description de tâches que vous avez en main et questionnez-vous sur chacune des caractéristiques recherchées. Pourquoi postulez-vous le poste? Qu'est-ce qui vous motive à poser votre candidature? Jetez tous les éléments de réponse sur papier et retenez les principaux. Résumez l'expérience de travail qui vous a préparé à ce nouveau poste. Êtes-vous prêt à voyager pour la compagnie? Pouvez-vous travailler en anglais? On doit se préparer pour une entrevue d'emploi comme on se prépare pour un examen. Plus vous êtes préparé, meilleures sont vos chances de réussir.

Vous arrivez maintenant au moment fatidique. N'oubliez pas d'apporter un exemplaire de votre CV et d'éteindre votre téléphone cellulaire. Au cours de l'entretien, adressez-vous à la personne qui vous a posé la question, tout en prenant soin de regarder les autres membres du comité de sélection, s'il y a lieu. Le ton de votre voix doit dénoter de l'assurance, du dynamisme, et la plupart de vos affirmations doivent être appuyées par des données concrètes. Agissez comme un avocat qui plaide sa cause et qui veut convaincre les jurés en leur donnant des exemples pratiques. Puisque l'évaluation de la personnalité est très importante, voici quelques idées de questions qui pourraient être abordées :

– Si nous demandions à vos anciens patrons, collègues ou à d'autres personnes dans votre milieu de travail de nous parler de vous, qu'est-ce que nous apprendrions à votre sujet ?

– Quel type de leader êtes-vous ?

- Parlez-nous d'un problème complexe que vous avez eu à résoudre en faisant preuve d'initiative.

- Parlez-nous d'une décision que vous avez dû prendre rapidement.

- Racontez-nous une situation difficile que vous avez affrontée et surmontée.

- Parlez-nous d'un dossier ou d'une situation dont vous êtes un peu moins fier et dites-nous, avec le recul que vous avez aujourd'hui, de quelle façon vous agiriez si c'était à refaire.

- Comment voyez-vous l'avenir de l'entreprise ?

- Parlez-nous de la réalisation professionnelle dont vous êtes le plus fier.

- Quels sont vos objectifs de carrière à moyen terme ?

- Que faites-vous si un conflit éclate entre vous et un de vos collègues ?

- Quelle(s) valeur(s) privilégiez-vous dans votre vie privée et dans votre vie professionnelle ?

- Qu'est-ce que signifie, pour vous, avoir du plaisir ?

Un dernier conseil : attention aux questions pièges.

Personnellement, j'aime toujours poser deux questions pièges qui m'en disent beaucoup sur le candidat lors d'une entrevue.

La première est : « Parlez-moi de la fleur et du pot, c'est-à-dire quels sont vos qualités et vos défauts ? » Peut-être est-ce à cause de mon expérience en psychiatrie, mais cette question me permet de manière assez juste de distinguer les vantards des gens simples et humains. Méfiez-vous de celui ou de celle qui dit avoir très peu de défauts.

La seconde question me vient d'une de mes lectures sur Henry Ford. Quand il voulait engager quelqu'un, il demandait toujours : « Dans la vie, vous considérez-vous comme quelqu'un de chanceux ou quelqu'un de courageux ? » Si le candidat répondait courageux, il ne l'engageait pas et lui disait : « Je vous souhaite meilleure chance la prochaine fois. » Pour lui, on *faisait* sa chance dans la vie. Quant à moi, je pose toujours cette question à la fin de l'entrevue. Mes collègues et moi pouvons maintenant deviner la réponse selon que nous avons devant nous une personnalité obsessionnelle et froide ou une personne optimiste et humaniste.

À la fin d'une entrevue, vous pouvez poser des questions, en le demandant poliment, surtout si les membres du comité semblent avoir été réceptifs à vos propos. Avant de quitter la pièce, serrez la main de chaque personne présente, même si vous pensez, parfois à tort, avoir fait mauvaise impression ou ne pas avoir décroché l'emploi.

Pour en savoir davantage : Emploi Québec offre une multitude de trucs pour faire bonne figure en entrevue ‹www.

emploiquebec.net/guide/fr/accueil.htm› et la publication *Tu cherches un emploi?* de Service Canada indique aux jeunes comment se préparer à une entrevue ‹www.jeunesse.gc.ca›.

En terminant, quelques mots sur le curriculum vitæ (CV). Celui-ci doit contenir de l'information authentique et exacte. La présentation doit être sobre et soignée; le texte, bref, clair et sans faute d'orthographe. On y inclut les coordonnées personnelles (la date de naissance n'est plus requise), les langues maîtrisées (être multilingue est un atout dans cette époque de mondialisation), l'expérience professionnelle et les réalisations, la compétence et l'expertise, la formation générale et professionnelle de même que

les activités paraprofessionnelles et bénévoles (plusieurs compagnies comptant sur leurs employés pour s'impliquer sur le plan des relations publiques et dans des causes sociales).

Êtes-vous prêt pour votre prochaine entrevue ?

Chapitre 9

Prendre la parole en public :
un important échelon
de « l'échelle *VIP* »

Au début de ce volume, je vous ai parlé de l'éloquence et des talents de communicateur des grands leaders. La plupart d'entre nous ne sommes pas des orateurs-nés, mais comme pour tout le reste, ça s'apprend.

À mesure que vous gravirez ce que j'appelle « l'échelle VIP », vous aurez très certainement à prendre la parole en public, soit pour faire un discours, soit pour donner une conférence.

J'ai fait ma première communication scientifique devant six cents personnes lors d'un congrès international à Monte-Carlo. Quand mon patron m'avait dit que je commençais en grand, je lui avais répondu : « Si je réussis, ce sera un bon élément dans mon CV ; si j'échoue, ce n'est pas grave, personne ne me connaît. »

J'ai réussi, même si au cours de ma communication, la sueur me coulait sous les bras. Je n'ai plus jamais eu peur par la suite. Sans le savoir, j'avais à cette occasion fait de l'immersion, la meilleure façon d'affronter une situation inconnue.

Voyons maintenant ce que vous devez faire si vous avez à prendre la parole en public, si quelqu'un doit vous présenter comme orateur et si vous avez à écrire un discours ou une conférence.

LES PRINCIPES DU SHOW-BUSINESS

Au moment d'aller parler devant un groupe, quel que soit le domaine d'expertise, les principes du show-business s'appliquent : avoir un bon éclairage général, un bon son, une tribune où il y a un verre d'eau et un éclairage adéquat nous permettant de bien voir nos notes. C'est pourquoi j'arrive toujours tôt, quand je donne une conférence, et je vérifie personnellement tous ces points. Je m'assure aussi de déposer mes notes sur la tribune avant mon entrée en scène. Cette astuce laisse croire que vous n'avez pas de texte, ce qui fait déjà bonne impression. Observez les politiciens : tous utilisent ce truc. Si je fais une présentation assistée par ordinateur, je m'assure également auprès du technicien que tout fonctionne bien.

Quant à la communication comme telle, moins vous avez de notes et plus vous parlez spontanément, meilleures sont

vos chances de succès. Votre présentation doit être claire, vivante et si l'humour vous va bien, n'hésitez pas à l'utiliser à certains moments de votre discours. Non seulement vous dériderez votre auditoire, mais vous vous rendrez plus sympathique. Tous les grands orateurs ont cette capacité d'être drôles et de jouer avec les mots. L'honorable Pierre Michaud a l'habitude de commencer ses allocutions par deux ou trois citations loufoques qui font crouler de rire l'auditoire et d'en placer une ou deux autres pendant son discours, ce qui fait que chaque auditeur reste accroché du début à la fin. Cette façon de faire semble tout à fait spontanée, mais tant l'anecdote que le moment de la raconter sont soigneusement préparés, me confiait-il.

Finalement, quand vous faites un exposé, déplacez-vous pour montrer votre enthousiasme et modifiez l'intonation de votre voix pour conserver l'intérêt de l'auditoire. Privilégiez un tempo rapide, mais ralentissez quand vous voulez souligner un point important.

ÊTRE PRÉSENTÉ COMME IL SE DOIT

Permettez-moi de vous raconter une petite histoire. Lord Balfour, ministre des Affaires étrangères de Grande-Bretagne au cours de la Première Guerre mondiale, devait faire un court discours au Texas. Le présentateur lui consacra une longue présentation, donnant toutes sortes de détails inutiles. Finalement, il annonça : « *And now, Lord Balfour will give us his address.* » Exaspéré par la longue attente,

Lord Balfour se rendit à la tribune et dit : « On m'a demandé de m'adresser à vous pendant cinq minutes. Ce sera facile. Mon adresse est le 10, Carlton Gardens, Londres, Angleterre. » Et il revint s'asseoir.

J'ai vécu ce genre de situation une fois. Le présentateur avait tenu à obtenir une copie de mon CV au complet afin de bien se préparer. Le moment venu, il a donné ma date de naissance, s'est permis de dire avec qui j'étais marié, de révéler le nom de mes enfants, et j'en passe. Ça ne finissait plus et j'étais extrêmement gêné. Ce fut la dernière fois que j'ai transmis un CV détaillé. J'ai maintenant deux versions biographiques : une d'une demi-page et l'autre d'une page, et j'envoie au présentateur celle qui convient selon l'occasion. De cette façon, je contrôle même la présentation qu'on fera de ma petite personne.

LES MEILLEURS ÉCRITS : VINGT FOIS SUR LE MÉTIER

Le diplomate américain Henry Kissinger avait demandé à l'un de ses adjoints de lui écrire un texte. Le lendemain de la remise du texte en question, M. Kissinger le fit venir à son bureau et lui demanda de réviser le tout afin de l'améliorer. Lorsque Kissinger demanda une cinquième révision, son adjoint lui répondit qu'il avait énormément travaillé sur le texte et qu'il lui était impossible d'y apporter d'autres améliorations. C'est alors que Kissinger lui répondit : « Très bien, je vais le lire maintenant. »

Que ce soit pour une communication ou une publication, le même vieux conseil tient toujours : « Vingt fois sur le métier remettez votre ouvrage. » C'est ainsi que mon regretté patron, le docteur Jean-Marc Bordeleau, écrivain et médecin, m'a montré à écrire. Mon premier article publié fut une revue de la documentation existant au début des années 1970 sur les effets psychologiques de la marijuana. J'ai dû apporter des modifications et des corrections à quarante-quatre reprises. Je les avais comptées et j'en étais rendu à détester mon patron. Par contre, le texte, une fois terminé, fut traduit en quatre langues et publié dans *L'Information scientifique de Moscou*. Cette publication a donné à elle seule un excellent «coup de pouce» à mon CV et à ma jeune carrière de chercheur.

Les chercheurs sont habitués au supplice que leur font subir les comités de lecture des revues scientifiques. Mais là comme ailleurs, on peut tourner la situation à son avantage. Mon professeur à Londres m'avait suggéré d'envoyer, de temps à autre, un article à une revue où je savais d'avance qu'il serait refusé parce que ne convenant pas à ce genre de publication. Comme chaque comité de lecture doit toujours évidemment lire l'article avant de décider de l'accepter ou de le refuser, il m'enverrait ses commentaires avec sa décision. Je n'aurais qu'à modifier mon article en conséquence et je pourrais ensuite l'envoyer à une revue pour laquelle mon travail serait davantage pertinent. L'ayant fait à quelques reprises, je peux confirmer que mes articles ont toujours été acceptés dès ma seconde tentative. Quel que soit le sujet de nos écrits, nous devrions tous avoir un cercle de lecteurs ou des réviseurs pour chacun d'eux. Le résultat final ne peut que s'en trouver amélioré, de même que la notoriété de celui qui en est l'auteur.

Conclusion

Sur la voie du succès

Si vous m'avez suivi jusqu'à maintenant, vous devriez dorénavant être mieux armé pour faire votre chemin dans la vie et devenir un *VIP*. Comme la vie est un éternel recommencement, il vous reste maintenant à investir dans votre carrière par la formation continue. Pour ce faire, n'hésitez pas à suivre des cours. Encore l'an dernier, j'ai suivi un cours offert par l'École des hautes études commerciales (HEC) sur la « nouvelle gouvernance » qui m'a permis d'améliorer la gestion de notre conseil d'administration et du personnel de notre organisation.

Vous pouvez aussi consulter un psychologue industriel afin de faire évaluer votre « profil », ce qui vous permettra de vous situer comme leader et vous aidera à mieux choisir vos associés. Enfin, au besoin, consultez un chasseur de têtes afin de réajuster votre tir si vous ciblez des fonctions plus élevées.

Avant de vous quitter, permettez-moi de vous raconter une dernière histoire, celle du roi tireur d'élite. Un jour, en marchant dans la forêt, il remarqua que tous les arbres étaient marqués de cibles portant une flèche en plein cœur. Étonné, il envoya ses soldats à la recherche de la personne ayant tant de dextérité. Les soldats revinrent avec un nigaud. Quand le roi lui demanda comment il avait développé une telle adresse, l'homme répondit qu'il avait tiré les flèches d'abord et dessiné ensuite les cibles autour d'elles. Pour réussir de nos jours, nous devons non seulement savoir quelles cibles viser et quand le faire, mais aussi être capables de les atteindre avec un haut degré de précision.

Comme vous terminez la lecture de ce livre, je souhaite ardemment que vous puissiez maintenant mieux choisir vos cibles et les atteindre avec précision et satisfaction.

> **Vous avez la possibilité de définir vous-même votre succès et il n'est jamais trop tard pour évaluer vos actions et apporter des changements à votre façon de faire.**

Ressentir la fierté d'avoir accompli quelque chose, être apprécié par les autres, être reconnu par ses pairs et se sentir utile, voilà ce qui procure les plus grandes satisfactions dans la vie et donne le sentiment du devoir accompli. Tous ces succès contribuent à perpétuer une image positive de soi et la joie de se sentir aimé et admiré. N'oubliez jamais que la réussite est le résultat d'une démarche étalée sur toute une vie. Je vous souhaite la meilleure des chances dans votre cheminement.

Références

BOURQUE, Edmond, *Le Choix de réussir*, Laval, QualiPerformance, 2006.

CARDINAL, Lise, *Réseautage d'affaires : mode de vie,* Montréal, Transcontinental, 2004.

CARDINAL, Lise, *Comment bâtir un réseau de contacts solide*, Montréal, Transcontinental, 2005.

COUSINEAU, Marie-Ève, « Le pouvoir du charisme », *Affaires Plus,* février 2008, p. 54.

DALCOURT, André, *Les Grands Leaders charismatiques du XXᵉ siècle,* Montréal, Québec Amérique, 1994.

DUSSAULT, Louis, *Le Protocole*, Montréal, Protos, 2003.

GAGNÉ, Rémy et Jean-Louis LANGEVIN, *Donnez du pep à vos réunions,* Montréal, Transcontinental, 1995.

GREENE, Robert, *The 48 Laws of Power,* New York, Penguin Books, 2000.

KING, Norman, *The First Five Minutes,* New York, Prentice Hall, 1987.

LAMONTAGNE, Yves, *La mi-carrière : problèmes et solutions*, Montréal, Guy Saint-Jean éditeur, 1995.

LAMONTAGNE, Yves, *Et si le Québec, c'était la fierté*, Montréal, Guy Saint-Jean éditeur, 2000.

LAMONTAGNE, Yves, *Confidences d'un médecin*, Montréal, Québec Amérique, 2003.

LAMONTAGNE, Yves, « La santé mentale au travail », Conférence présentée au colloque sur la santé psychologique au travail, Montréal, 1er novembre 2007.

LEROUX, Patrick, *Secrets des gens actifs, efficaces et équilibrés*, Île des Sœurs, Éd. Impact Formation, 1999.

LEROUX, Patrick, *Le Feu sacré du succès*, Brossard, Éditions Un monde différent, 2006.

MAXWELL, John, *Developing the Leaders Around You*, Nashville, Nelson Business, 1995.

MORAZAIN, Jeanne, « Leadership et travail d'équipe », *L'Actualité médicale*, 5 mars 2008, p. 48.

PIGANI, Erik, *Objectif succès*, Paris, De Vecchi, 1988.

SAMSON, Alain, *Faites grandir votre influence*, Montréal, Transcontinental, 2002.

SAMSON, Alain, *Pourquoi travaillez-vous ?* Montréal, Transcontinental, 2002.

ULRICH, Dave et Dani JOHNSON, « De nouvelles compétences pour les futurs leaders en relations humaines », *Effectif – Le magazine de l'Ordre des CHRA et CRIA du Québec*, janvier-mars 2008.

WELCH, Jack, *Straight from the Gut*, New York, Warner Books Inc., 2003.

Marquis imprimeur inc.

Québec, Canada
2008